上司の悩み
スッキリ解決！

部下を活かすマネジメント“新作法”

株式会社FeelWorks
代表取締役
前川孝雄［著］

労務行政

はじめに　～マネジメントの常識が非常識に変わりつつある～

30年前の美徳は今や法律違反!?

働き方やマネジメントのありさまは、目まぐるしく変化しています。日々忙しく過ごす中では、わずかずつ移り変わる変化は自覚されにくいものです。しかし、20～30年のレンジで見ると、当時の常識が今では全くの非常識に置き換わってしまったことに気づきます。

50代以上の読者には記憶のある方も多いと思いますが、1990年前後に流れた当時の働き方を象徴するテレビCMがありました。三共（現・第一三共ヘルスケア）の栄養ドリンク「リゲイン」のテレビCMです。俳優の時任三郎さんが活力みなぎるスーツ姿のビジネスマン役で登場し、「24時間戦えますか」とたけだけしく歌うもの。時の流行語大賞の銅賞にまで選ばれた、大ヒットフレーズでした。

当時、私自身も猛烈に働くサラリーマンの1人であり、職場の仲間と青天井の残業の毎日。まさに夕方にはリゲインを飲み干し、夜食を取りながら深夜まで仕事をして、その後街に飲みに繰り出し、タクシーで帰宅するのが日常風景。「24時間戦える企業戦士」こそが仕事ができる人の代名詞で、昼夜問わず仕事に打ち込むことが美徳ですらあったのです。

それから25年たった2014年、サントリー食品インターナショナルが第一三共ヘルスケアと提携し、リゲインのエナジードリンクを発売した時のリメイクCMを記憶している方はいるでしょうか。モデルのすみれさんが漫画「うる星やつら」の主人公ラムちゃんに扮《ふん》し、フワフワと空を飛びながら登場。〝24時間戦うのはしんどい。3、4時間戦えますか？〟と語ります。四半世紀の間に、働き方の常識がガラリと様変わりしたことを象徴しています。

さらに約10年を経た今、ワーク・ライフ・バランスという言葉もすっかり定着し、働き方改革関連法によって時間外労働の上限規制や休暇の取得促進が義務化されています。企業が社員を24時間フルに働かせれば、法律違反以外の何物でもありません。また、いつまでもだらだらと残業するのは仕事ができないことの証左。しっかりとタイムマネジメントができ、時間内できっちりと仕事を終わらせられる生産性が高い人こそ、仕事ができる人になったのです。また、仕事を包含した人生そのものの幸福の追求、つまりウェルビーイングこそが働く人たちの目指すものとなったのです。

「存在意義」を問われる中間管理職たちの苦悩

私の会社では、15年以上「上司力®研修」の提供などを通じ、大企業を中心に400社以上で人材育成の支援を行っています。そこで近年特に目立つのは、40～50代の部課長層が大いに悩み、疲弊している様子です。

　具体的には、働き方改革で部下の労働時間短縮に取り組まざるを得ない一方、これまで以上にチームの業績向上や変革が求められるジレンマ。自らもプレイングマネージャーで多忙な中、目前の仕事も部下のマネジメントも回り切らないとの悲痛な声も聞かれます。

　また、いわゆるパワハラ防止法の施行で、部下への関わり方に悩む姿。これまでは、部下のために時に厳しく叱咤《しった》したり、やや難易度の高い仕事を任せたりして育ててきました。しかし、ハラスメントと指摘されるおそれから、部下の育成やコミュニケーションをどう図ればよいか戸惑う例。職場でのグローバル化やダイバーシティが進む中、部下を束ねて組織成果を上げる自信が持てないでいるのです。

　さらに、上司のより根源的な苦悩は、自分たち中間管理職の存在意義自体が問われ始めていることです。２０００年代以降、組織運営の在り方として、ティール組織（経営コンサルタントのフレデリック・ラルーが提唱した、経営者や管理職が細かなマネジメントをしなくても、目的達成のために進化を続ける組織のこと）やフラット組織などの有効性が唱えられ、ミドルマネジメント機能を縮小ないし不要とする論すら登場しました。

　そうした中で、２０２０年からのコロナ禍で一気に普及した在宅勤務などのリモートワークでは、上司が日々部下の仕事ぶりを見ながらマネジメントすることが物理的に困難になりました。社員には自律的な働き方が求められ、社内情報を共有するツールが整備され、オンラインで社員間の相談や打ち合わせが可能になるなど、さまざまな工夫が進みました。これによって、上司が常時関与しなくても、仕事がスムーズに進む仕組みや環境が整った側面もあったのです。コロナ禍は、マネジメントの在り方や上司の存在意義自体を根本から問い直す契機となりました。

これからの上司は、どのように自らの役割を見直していくべきでしょうか。

働きがいを育む上司力が必須となる人的資本経営時代に突入

日本では、2020年9月に経済産業省が通称「人材版伊藤レポート」を公表し、人的資本経営が叫ばれる時代に突入しました。企業経営において、人材は使い尽くす資源や損益計算書上で人件費計上するコストではなく、貸借対照表における資産であり、投資すべき資本と捉え直すべきであるとされています。社員自らも常にスキルアップを目指し、リスキリングや自己啓発に励む一方、企業経営も社員一人ひとりの成長や活躍を支援すべしという考え方です。働き手一人ひとりが常に時代の要請に応じたパフォーマンスを発揮できる人材にステップアップ可能な体制を、会社全体で整備することが重視されるようになったのです。政府や経営者団体も人的資本経営の実現を目指し、アクセルを踏み始めました。

背景にあるのは、人材不足です。実は、女性の活躍推進や高齢者の就業促進により、少子高齢化の中、労働力人口は増えています。しかし、ＤＸ推進やＡＩの進化などにより、求められる人材像が激変しており、「人はいても人材がいない」状況が深刻化し続けているのです。

２０２３年3月期から、上場企業の有価証券報告書に、人的資本経営の取り組みに関する情報記載と開示が求められるようになりました。その例示項目には、社員の育成とワークエンゲージメント向上への取り組みが含まれています。ワークエンゲージメントとは、社員が組織と仕事に抱く愛着やモチベーション、つまりは、「働きがい」と言ってよいでしょう。社員がこれを高く保ち、自らの仕事に満足を覚えながら携わることのできる企業環境が求められているのです。

人的資本経営を実際の現場で促進するのは、現場の管理職、マネジメント層にほかなりません。よって、すべての上司は人的資本経営への流れを部下マネジメントの前提に置くことが必須となります。自らの存在意義も、この理解と率先にあるといえるでしょう。これからの上司の存在意義は、一人ひとりの部下の働きがいを育み、部下が成長や活躍の実感を持てるような支援ができる上司力を学び、発揮することだといえるでしょう。

変わる常識に翻弄されないためにマネジメントの〝新作法〟を身に付けよう

とはいえ、上司が部下の働きがいを高めることは、容易ではありません。冒頭でも触れたように、ミドル層である上司が培ってきた働き方やマネジメントの常識と非常識が逆転するような大きな変化の時代。育った時代の異なる若手はもちろん、多様化する部下一人ひとりへの適切かつ効果的なマネジメントには絶対的な正解がないからです。自身の常識に従えばハラスメントになりかねず、かといって部下の常識に寄り添い過ぎると育成はままならず、チームワークが成り立たなくなる懸念すらあります。

そこで、本書の第1部では、変化の波に翻弄《ほんろう》されないために、マネジメント上の判断に迷いがちなグレーゾーンであるテーマを、全6章・20項目で取り上げました。そして、現代では一見常識に見える〝非常識〟となったマネジメントの理由と背景を指摘しつつ、〝新作法〟のマネジメントの考え方と方法を具体的に解説しました。これらをヒントに、自身のマネジメントにおけるケース・バイ・ケースの要素も加えて、実践に役立ててください。

そして、第2部では、まさに〝人を活かすマネジメント〟に取り組む5社の先進事例を紹介します。第1部で論じた〝新作法〟の多くの要素について全社を挙げて具現化したロールモデルです。インタビュー形式で、実践の経緯や内容を詳しく深掘りしました。ぜひ先端を行くマネジメントノウハウに学び、可能な部分を取り入れてください。

マネジメントについても不易流行があります。表面的に移り変わる流行がある中でも、変わらないもの、変えてはならない普遍的な在り方が一貫して存在します。上司のマネジメントの本質は、ヒューマンスキル（人間関係能力）とコンセプチュアルスキル（言語化能力）によって、部下の心を動かすことです。人の心を動かす観点から、変わらない普遍の要素はいったい何か。上司の皆さんが本書と対話をしながら、本質的かつ自分らしい上司力を身に付け、自信を持って部下の育成と活躍支援に当たられることを願っています。

２０２３年８月

株式会社ＦｅｅｌＷｏｒｋｓ　代表取締役、青山学院大学兼任講師

前川孝雄

目次

第1部

ここまで変わった！ マネジメント“新作法”20

第1章

働き方の変化

1 リモートワークでは仕事がしづらい？

リモートワークで生産性は低下し、管理職の悩みが増大!?

コロナ禍でリモートワークが急速に普及し、大企業を中心に定着してきた。感染予防の効果と同時に、通勤時間削減によるストレス軽減や時間効率のアップ、ワーク・ライフ・バランスの向上といったプラスの効果が実感されている。そのため、コロナ禍収束後は出社を促す動きが高まっているが、今後も活用され続けるだろう。

野村総合研究所の国際調査によると、2022年7~8月の時点で、米国や英国では

50％、ドイツ、スウェーデン、スイスなどでは30％以上の就業者が、リモートワークを依然として実施。日本は最初の緊急事態宣言が発出されていた2020年5月以降徐々に減少はしつつも、2022年12月時点では25・5％が実施しているとの結果だ（「2022年の日米欧のテレワーク状況と将来展望」2023年2月）。

しかし、リモートワークの普及には、仕事の生産性の面で当初から疑問や課題も指摘されており、こと日本ではその傾向が顕著だった。

パソコンメーカーのレノボ・ジャパンが、2020年に世界10カ国で実施した国際調査では、オフィス勤務に比べて在宅勤務で生産性が高まったとの回答が、全体平均で63％と高めだった。しかし、在宅勤務で生産性が低くなったとの回答では、世界平均が13％のところ日本は40％と10カ国中、最も高かったのだ【図表1-1】。

その原因に関連して、同調査では、他国に比べて日本の企業がIT機器やソフトウエアの導入などテクノロジーに十分な投資を行っておらず、従業員が、これらを自己負担で購入する割合が高いと指摘している。そして、企業の環境整備の遅れがリモートワークの生産性を阻害する大きな要因になっていると分析している。

また、「テレワークと人事評価に関する調査」（2020年4月、あしたのチーム〈テレワークはリモートワークと同義〈以下同じ〉〉）によると、「テレワークをしてみて感じた

図表1-1 在宅勤務で生産性が低くなったと回答した国別の割合

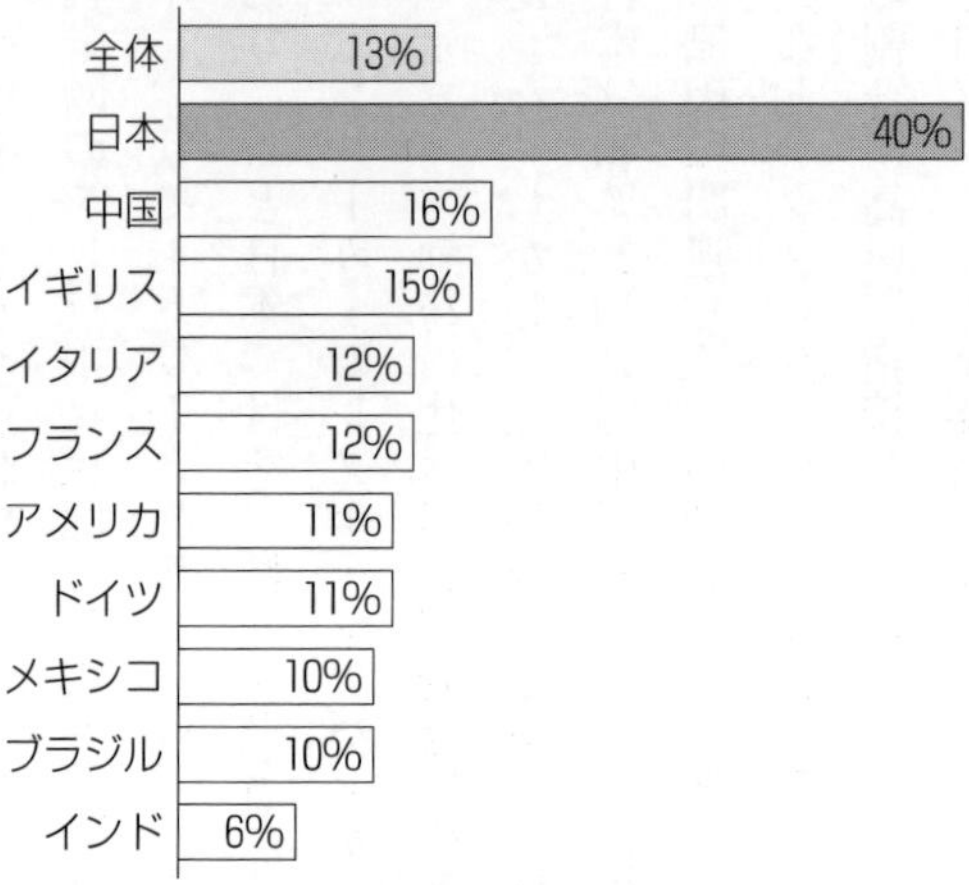

資料出所：レノボ・ジャパン合同会社「国際調査　テクノロジーと働き方の進化」（2020年7月）

こと」（複数回答）で管理職の回答の1位は「通勤時間がない分、読書や勉強などスキルアップの時間が持てる」（37・8％）、2位は「人とのコミュニケーションがなくさみしい」（30・6％）となっていた。これに対し部下に当たる一般社員は、1位が「人間関係のストレスがなく気楽」（36・7％）、2位が「仕事態度に緊張感がなくなった」（28・0％）という結果だ。いわば「上司はさみしく、部下は気楽」という対照的な結果が表れている。

また、管理職に「テレワーク時に部下に関して不安を感じること」（複数回答）を聞いたところ、1位が「生産性が下がっているのではないか」（48・0％）、2位が「報連相をすべき時にできないのではないか」「仕事をサボっているのではないか」（いずれも32・7％で同率）とのこと。上司は部下の様子が見えず疑心暗鬼になり、テレワーク時の部下の人事評価は「オフィス出社時と比べて難しい」（73・7％）と答えている。

同様に、「『テレワーク長期化に伴う組織課題』に関するアンケート」（2020年4月、Ｕｎｉｐｏｓ）でも、「テレワーク前より部下の仕事ぶりが分かりづらい」と答えた管理職が56・1％であったのに対し、「上司や同僚の様子が分かりづらい」と答えた一般社員は48・4％で、上司側のほうが7・7ポイント高くなっている。

日本では、リモートワークによって仕事の生産性が低下しがちだと認識されており、また上司は部下の日々の働きぶりを把握できず、管理や育成がやりづらいと悩む傾向が浮かび上がっているのである。そのためリアル出社に戻す企業も出てきている。

マネジメントの非常識

最新のＨＲテクノロジーで部下の仕事ぶりを可視化する？

こうした経営層や管理職側のニーズに応えるべく、新しいＨＲテクノロジーサービスが続々と生まれている。会社のホストサーバーにつないだパソコンを社員に貸与し、何時から何時まで仕事をしているのか正確にログ管理をできたり、部下のパソコン画面を上司がいつでも閲覧して、どんなサイトにアクセスして、どんなメールやチャットをしたのか確認できたり、ＡＩが表情からやる気を測定するものや、コミュニケーション量の多寡でＡＩがアラートを出すものなど、新技術を使ったシステム導入が各社で進みつつある。

しかし、部下や社員の立場からすると、仕事や言動を常時会社や上司に監視されることになり、決して心地よいものとはいえない。リモートワークで働きやすくなったと思いきや、新技術で一挙手一投足を把握されるのだから当然だ。

この束縛された環境では、主体的で創造的な仕事が進むとも思えない。それどころか、過度なプレッシャーからメンタルヘルス不調を招く懸念すらあるだろう。こうした監視のシステム化がリモートワーク時代のマネジメントとして望ましい在り方かといえば、大いに疑問だ。決して新しい技術が駄目なわけではない。技術を使うのは人間だから、会社や上司側の姿勢に問題があるといえるだろう。

では、どのようにマネジメントを改めるべきか。結論から言うと、会社や上司は性悪説で社員を監視し、管理しようとするのではなく、性善説に立って社員一人ひとりが才能を開花・発揮できるよう支援する姿勢に変わらなければならない。以下、そのためのポイントを押さえておこう。

マネジメントの新作法❶

責任の明確化──信じて任せた仕事の当事者は部下自身

部下がサボっているのではないかと逐一報告を求めたり、ITツールで常時監視したくなったりする上司の職責意識は分からないではない。しかし、進捗《しんちょく》や成果が気になるのは、部下を信じて任せきれていないからではないだろうか。また、上司自身が上からの評価を気にして、仕事が手離れしていないのではないか。

上司の役割は、部下に命令をして指示どおりの仕事を強制することよりも、部下の意欲と行動を引き出し、自律的な創意工夫を促すこと。また、働きがいと成長を支援する伴走者であると意識を変えよう。もちろん結果責任を取る覚悟は必要だが、勇気を出して、部下を信じて任せきる。任せた仕事の当事者は部下自身と心得るのだ。

部下の当事者意識を高めるためには、仕事を任せる際に、本人に「やる気ややりがい」が感じられるよう内発的に動機づけることが重要である。部下がチームと自身の担う役割・目的に共感し、仕事への情熱を持てるようにしよう。その上で部下自身に目的達成に向けた目標とスケジュールを立てさせて、上司はこれを承認するのだ。このプロセスを経れば、上司は、上からノルマや作業を押し付けるのではなく、部下が自ら決めた仕事への挑戦を応援し、支援する役割に変われる。この点で、本書第2部のヤフーの取り組み事例が参考になる。まさに「自由と責任はセット」であり「任せた仕事の当事者は社員自身」という育成観点を徹底したことで、フルリモートの働き方と社員の自律を両立させている。

マネジメントの新作法❷

仕事の具体化

――脱あうん！　非言語コミュニケーションを言語化する

日本の職場にありがちなのは、上司がすべてを語らずとも部下が真意を察し、あうんの呼吸で理解・行動すべしという風土だ。空気を読むことを求められる日本のハイコンテクスト文化の特徴ともいえる。しかし、そうした考え方やマネジメントスタイルは、リモートワークでは通用しない。

リモートワーク下でのメールやチャットなどの文字情報だけのコミュニケーションでは、お互いの表情やボディーランゲージも伝わらず、真意の理解が困難になる。感情表現に長《た》けたLINEはあるものの、仕事で使うことははばかられることも多いだろう。また、ただでさえ上司からの指示に対し、部下は質問や意見をしにくいもの。遠隔ならなおさらだ。そのことが、「上司の指示がよく分からない」「部下が言うことを理解していない」といったすれ違いを助長しやすくしている。

そこで上司には、これまで以上に自分が伝えたい内容をしっかり言語化し、丁寧に具体的に語ることが求められる。例えば「後で営業状況を報告してほしい」などと曖昧に告げずに、「エリア内の顧客動向を把握したいので、明日の12時までに業務週報の備考欄に担当のお客さまからの要望を箇条書きにして提出してほしい」と、自分の持つイメージをより明解に伝えることで、意思疎通の齟齬《そご》を防ぐのだ。

2 副業をすると、本業に支障が出る？

「副業解禁」への流れ。しかし、企業の反応は鈍い!?

「副業元年」といわれたのは、２０１８年のことだ。２０１７年に政府が働き方改革の一環として副業・兼業解禁の方針を打ち出し、２０１８年1月には「副業・兼業の促進に関するガイドライン」も出された。厚生労働省「モデル就業規則」の規定も、それまで「許可なく他の会社等の業務に従事しないこと」と禁止前提だったものが、「勤務時間外において、他の会社等の業務に従事することができる」と１８０度方針転換し改訂された。２０１９年以降、メガバンクなどの大手企業でも副業解禁の動きが出てきた。副業を肯定的に受け止める意識は、少しずつ高まっているようにも見える。

しかし、この流れはまだ大勢には至っていない。労務行政研究所が２０２１年に行った「副業・兼業への対応アンケート」によると、就業規則で副業・兼業を認めている企業が

35・4％であるのに対し、禁止する企業は49・3％。規模別では、1000人以上で認めているのが38・2％であるのに対し、300人未満では31・4％にとどまっていた。

東京都が2021年4月に公表した「都内企業における兼業・副業に関する実態調査」でも64・3％は認めておらず、条件付きで一部認めている企業が28・6％で、全面的に認めている企業はわずか6・3％に過ぎなかった【図表1-2】。

副業解禁の促進は、働き方改革の一環でもあり、政府としては柔軟な働き方の選択肢を増やし、働き手が増えることで経済成長をけん引するとの見立てだ。2022年10月の経団連「副業・兼業に関するアンケート調査結果」を見ると、企業合計で53・1％が副業・兼業を認めており、認める予定の17・5％を加えると70・5％と大勢を

図表1-2　従業員の兼業・副業を認めている状況

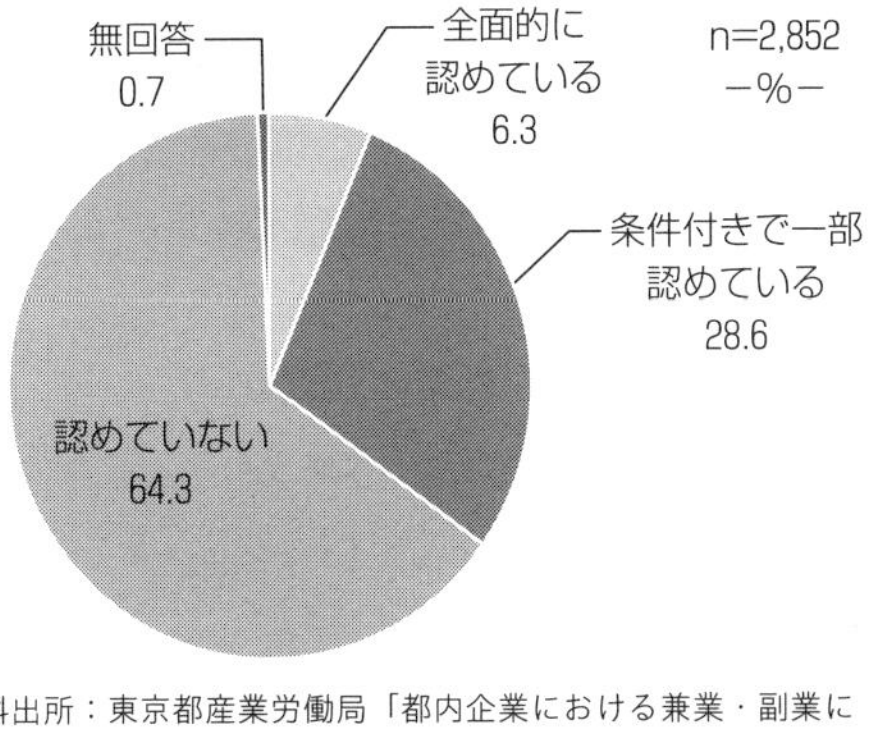

資料出所：東京都産業労働局「都内企業における兼業・副業に関する実態調査」（2021年）

占めつつあるようにも映る。しかし、実態として全面解禁という企業は多くないだろう。なぜ、副業解禁は大きく進まないのか。

マネジメントの非常識

副業は労働者にも企業にもマイナスの影響を及ぼす？

企業が副業や兼業を認めない理由については、労働政策研究・研修機構が２０１８年に実施した調査「多様な働き方の進展と人材マネジメントの在り方に関する調査（企業調査・労働者調査）」が基本的な傾向を表している【図表1－3】。許可しない理由（複数回答）として挙げられたのは、「過重労働となり、本業に支障をきたすため」が82・7％と最も多く、次いで、「労働時間の管理・把握

図表1-3 副業・兼業を許可しない理由（複数回答、企業調査）

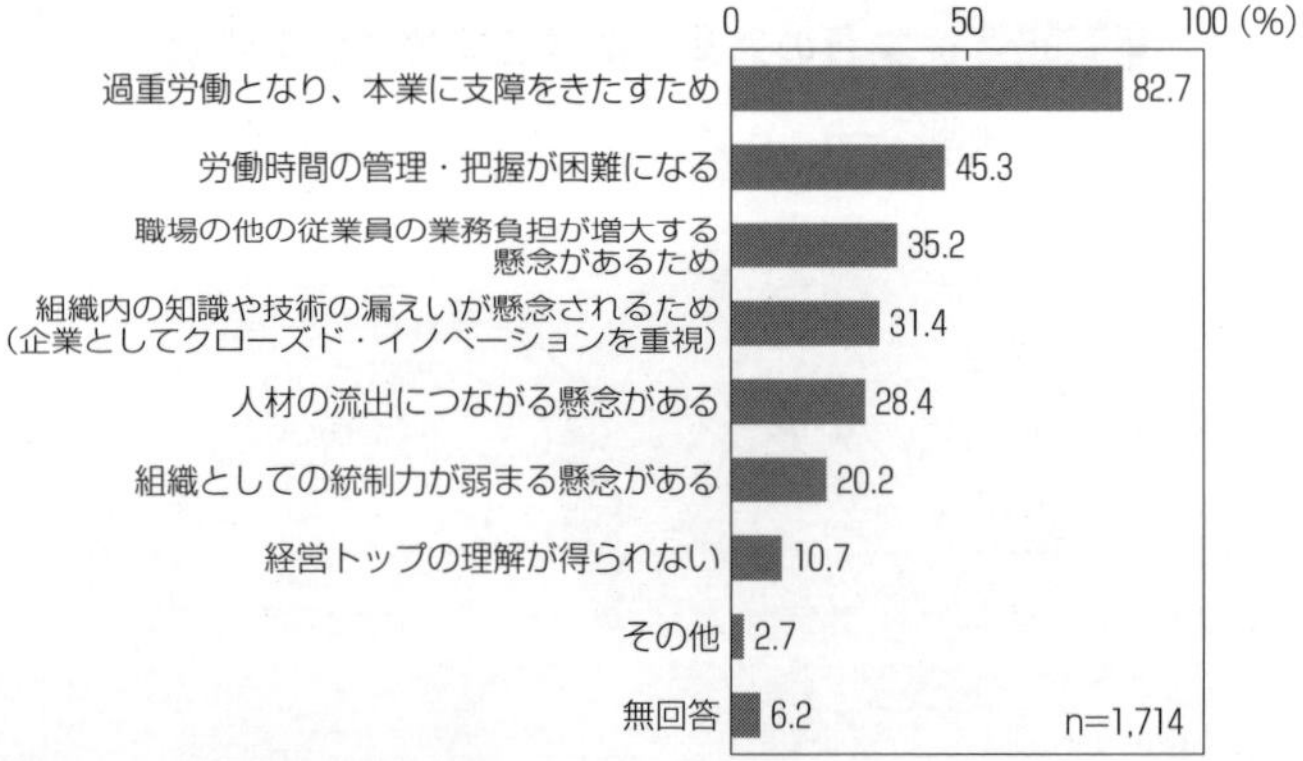

資料出所：労働政策研究・研修機構「多様な働き方の進展と人材マネジメントの在り方に関する調査（企業調査・労働者調査）」（2018年）

が困難になる」45・3%、「職場の他の従業員の業務負担が増大する懸念があるため」35・2%。また、「組織内の知識や技術の漏えいが懸念されるため（企業としてクローズド・イノベーションを重視）」も31・4%となっている。

すなわち、「社員の副業は働き手にも企業にもマイナスの影響が大きく、本業に支障が出るのでNG」という旧来型の常識が、依然として優勢なのだ。

マネジメントの新作法❶

副業は社員の成長と企業のイノベーションにつながる

しかし、積極的に副業を推進する企業には、「副業は本業にとってプラスになる」という考えが定着しつつある。それはなぜか。

いまや、第4次産業革命やDX（デジタルトランスフォーメーション）の潮流などから、多くの企業が変革を迫られている。新たなイノベーションを起こせるか否かが、企業の存続を左右する。自社組織内の常識や発想の範囲内からは、革新的な変化を起こすことは難しい。また、たとえ良いアイデアが浮かんでも、その実現に必要な新たな資源獲得やアライアンス（連携）のためのパイプや人脈がなければ、実行には移せない。

そう考えた時に、副業とはまさに越境の働き方であり、社員が社外の知見やノウハウに触れ、新しいアイデアや能力を開発できる機会となる。また、社員一人ひとりが社外ネットワークを広げ、多様な人材や組織とつながることで、新たなコラボレーション（協働）やアライアンスの可能性も広がる。

もちろん、社員の過重労働や健康問題、情報漏えいなどのリスクは高まる。だが、それ以上に、社員の能力向上と企業成長にとって、大きなプラスが期待されているのだ。

マネジメントの新作法❷

社員のキャリア自律を支援する企業こそが選ばれる

社員個人の視点から見た場合、副業は副収入を得るサイドビジネスと捉える向きもあるかもしれない。しかし、これからは自らの成長とキャリアアップのための機会として捉えるべきではないだろうか。社員一人ひとりがキャリアビジョンを明確化し、自律したプロフェッショナルとして自社と副業に貢献し、さらには相乗効果を目指すことが理想だ。そうなれば、本業と副業ではなく、いずれも個を主体として意義のある「複業」になる。さらには、会社の枠を越えて自身のキャリア自律を実現できるようになれば、働く幸せを高める「福業」とも呼べるものになるはずだ。

変化のスピードが速く、人の働く年数が延び続ける現代は、もはや企業が社員全員に終身雇用を保障できる時代ではない。優秀な若手ほど、そうした現実を自覚しており、自らの成長を実現できる企業を選ぶ傾向がある。企業には社員を囲い込むのではなく、副業を通じて多様な仕事の機会を認める発想が求められている。その先では、離職防止に神経をとがらせるという人材囲い込み前提の常識も古びていくだろう。

最近では、企業が社員に対して、どのような価値のある経験を提供できるかというエンプロイーエクスペリエンス（従業員体験）が注目されている。社員が自らのキャリア形成にとって有用だと実感できる価値経験が多いほど働きがいが高まり、組織への定着率も向上するといわれている。

要は「かわいい子には旅をさせよ」である。副業や兼業を含む多様な「善き経験」によるキャリア磨き、キャリア自律を促しながら、なおかつ魅力ある仕事のステージを提供し続けられる企業こそが選ばれるのだ。本書第2部のサイボウズの取り組み事例は、社員に「複業」（＝本人にも自社にも有益な副業）を奨励し、個人と組織の発展に結び付けた先進例だ。併せて参考にしてほしい。

3 職場ではプライバシーに関わることは話さない？

個人情報、プライバシー尊重の気運が高まる

インターネットの浸透に伴い個人情報の流出や不用意な拡散への危機感が高まっている。ネットショッピングなどで入力した個人情報が漏えいし悪用されることへの懸念や、SNS上に自分や知人が不用意に公開した個人情報が拡散されてしまうおそれなど、さまざまなプライバシーリスクと隣り合わせの時代だ。

自分の検索・閲覧履歴が追跡され蓄積・分析されて、個人向けネット広告が日々カスタマイズされることへ気持ち悪さを感じる人も少なくないだろう。個人情報保護法の改正によるCookie規制強化なども進んではいるが、不安は払拭されていない。

一般社団法人日本プライバシー認証機構が2023年1月に行った「消費者における個人情報に関する意識調査」によると、企業等による個人情報の取り扱いに不安を感じるか

どうかを問う質問では、「強く不安を感じる」もしくは「やや不安を感じる」を合わせた割合は68・9％に上る【図表1-4】。その理由を複数回答で尋ねたところ、「個人情報が漏えいする恐れがあるから」が79・7％と最も高く、〝不正な収集〟〝不正な利用〟も52・6％、〝不正な第三者提供〟も44・2％に上る結果となっている【図表1-5】。

税金や社会保険料の徴収漏れをなくすべく、国が躍起になるマイナンバーカードの普及。しかし、個人情報の取り扱いトラブルが続発し、自主返納が急増した。国や自治体にすら個人情報を渡したくない人が増えているのだ。

このように、個人情報やプライバシーの尊重と保護、適切な管理への警戒感が、あらためて高まっている。

図表1-4　企業等による個人情報の取り扱いに不安を感じるか

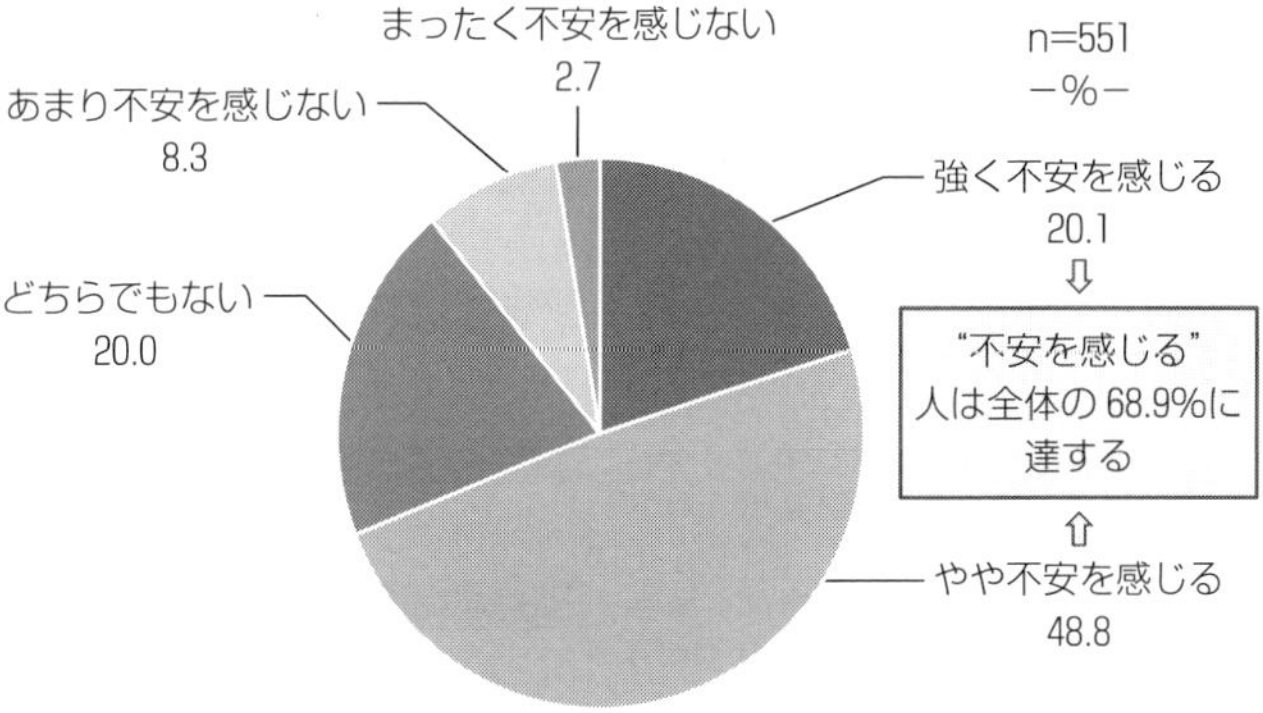

資料出所：一般社団法人日本プライバシー認証機構「消費者における個人情報に関する意識調査　2023年1月版」（[図表1-5] も同じ）

マネジメントの非常識

ワーク・ライフ・バランス、ハラスメント意識から公私は分けるべき？

２０００年代以降、ワーク・ライフ・バランスを重視する意識も強まっている。残業規制や年次有給休暇取得促進などの働き方改革が進み、育児や介護との両立もしやすくなり、経営者や管理職も社員の柔軟な働き方を推奨し、プライベートを尊重する気運も高まっている。近年では、主体的に仕事の仕方や生活の在り方をマネジメントし、自分に合ったライフスタイルを選択して自己実現を目指すという「ワーク・ライフ・マネジメント」という考えも提唱されている。

昭和から平成の時代には普通だった「アフター５

図表1-5 “不安を感じる”人の不安の理由（複数回答）

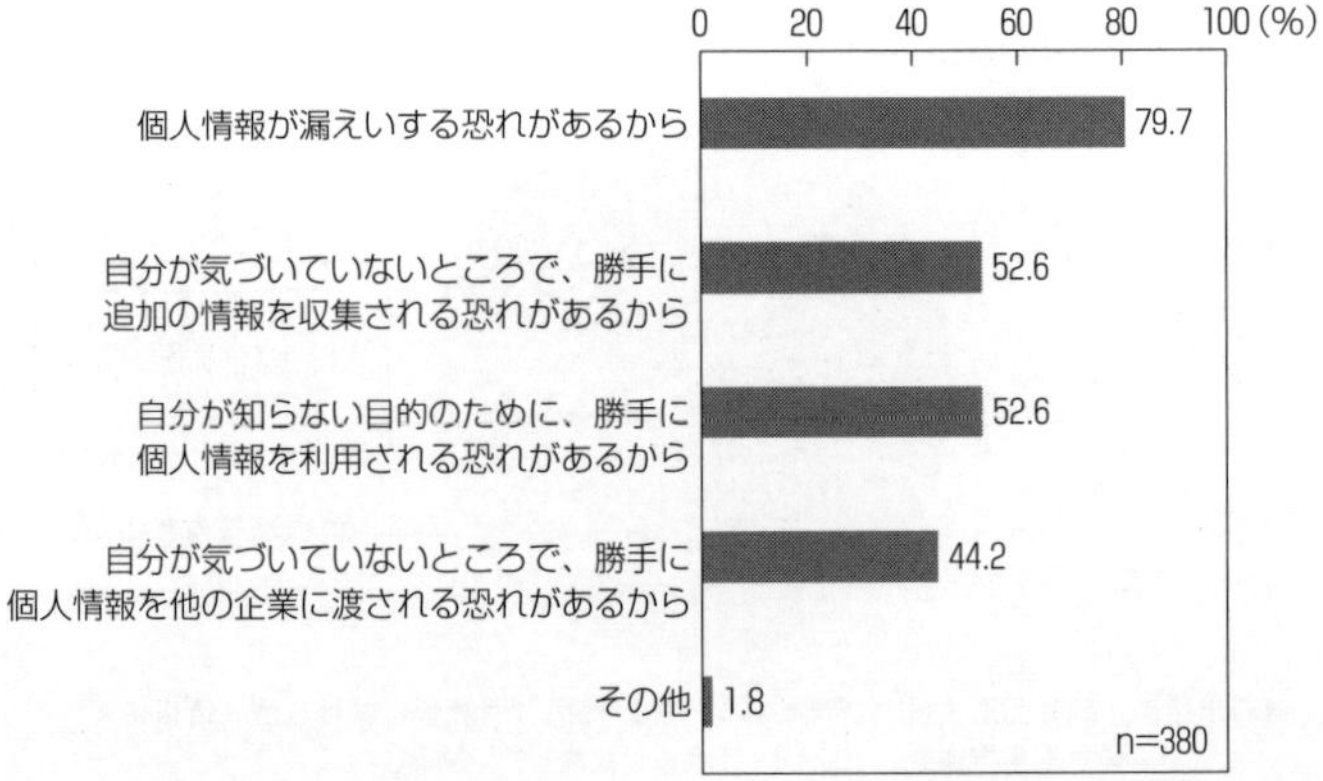

は飲みニケーション」とばかりに、上司が部下を引き連れて飲みに繰り出す風景も今や昔。必要な報告・連絡・相談は就業時間内に済ませるべきであり、上司・部下の関係を業務時間外にまで持ち越すような〝公私のけじめのない行動〟には眉をひそめる人も多い。

また、職場のハラスメント防止対策の法整備が進み、企業に防止措置が義務づけられた。ハラスメントの定義や基準が必ずしも明瞭でない中、厚生労働省が例示するパワーハラスメントの類型には、上司の部下に対する「精神的な攻撃」や「個の侵害」などがある。

不用意にプライバシーに触れる会話や、家庭や家族の情報を聞くことが部下の気持ちを侵害し、ハラスメントだと指摘される懸念も皆無ではない。そうであれば、部下に対して仕事以外の関心は持たず、プライベートに関する会話も慎むことが無難と考えがちだ。

コロナ禍によって浸透したリモートワーク環境下で、ある管理職の悩みを聞いた。Ｚｏｏｍを用いたオンライン会議や面談で、部下が家の中の様子や自分の服装が映り込むことを嫌い、ビデオ・オフのままで参加することに違和感を持つとのこと。上司としては部下の様子や表情が読めず、こちらの話を理解しているのかも確認できない。そこでビデオ・オンにして顔出しを求めようとも思うが、プライバシー侵害のハラスメントを指摘されることを恐れて悩んでいるというのだ。

以上のように、上司は、部下のプライベートに関わる話題やコミュニケーションを極力避けようとしがちだ。職場で公私は分けるべきであり、「職場ではプライバシーに関わることは話さない」ことが常識と思われている。しかし、果たしてそれは真に好ましいことなのだろうか。

マネジメントの新作法❶

ダイバーシティが進むからこそ、プライバシーも知り合えたほうがよい

社員のプライバシーを尊重し、侵害を避けるべきであるのは当然だ。しかし、「互いのプライベートには触れない」との風潮が行き過ぎると、職場がぎくしゃくしてしまう場合もある。相互理解やチームワーク、さらにはクリエーティブな仕事を進めていく上でも、決してプラスにはならない。

こと現代は職場のダイバーシティが進み、異なる文化や価値観や生活条件を持った社員が集い、協働して仕事を進めていくことが求められる。であるからこそ、メンバー間の相互理解がより重要になり、互いの背景やプライバシーをある程度知り合えることが大切なのではないだろうか。

人は、「知らないもの（者）」は怖いし、遠ざけたいと思うものだ。公私を厳密に分け、

プライバシーは全く遮断し伝え合わないという関係では、心理的に距離ができ、分かり合えない部分が多くなる。よく知らないが故に、無意識の偏見や言動で相手を傷つけてしまうことも生じがちだ。

ワーク・ライフ・バランスを尊重し合い、生活や家庭の事情に配慮し合う働き方を進めるためにも、互いのプライベートの事情をある程度理解し合い、気軽に相談し合える関係がプラスになる。子育てや介護・看護と両立しながら、あるいは自ら疾病や障害を抱えながら働く上では自己開示とともに、上司や同僚の理解や配慮が欠かせない。普段からのプライベートな事情を含む相互理解が深まるほど、相談や支援も円滑に行えるはずだ。

マネジメントの新作法❷

職場を安心して働ける、自己開示しやすい「ホーム」に

ただし、相手が望まないのにプライバシーを聞き込み、プライベートを詮索するようなことは避けるべきだ。あくまでも、本人が自然体で自分自身のことを話したくなるような風土づくりが大切になる。

私の会社では、管理職向け「上司力®研修」において、長年にわたり、職場をストレスの高い「アウェー」ではなく、互いに信頼し合い安心して自己開示し合える「ホーム」に

することの大切さを伝え続けてきた。近年、あらためて職場における心理的安全性の重要性が叫ばれ始めたが、まさにそのことだ。職場で自分の心情や考えを率直に発言しても、決して拒否や否定をされず、素直に受け入れられ、安心して働けることが重要なのだ。

そのためには、上司は部下のプライベートを聞くのではなく、まず自らが率先して自己開示し、プライベートについてもオープンに話題にすることだ。そうすることで、部下も自然に自己開示しやすい風土を育むことが望ましい。

また、私の会社では、毎週の定例ミーティングの前に「チェックイン（＝会議を始める前に行う〝ウオーミングアップ〟のことで、参加者に一言ずつ発言してもらうことにより、場の雰囲気を和ませ、話し合いやすい雰囲気をつくる）」の時間を設け、「最近気になったこと」「マイブーム（今はまっていること）」「週末の出来事」など、ざっくばらんに雑談をしている。お互いの意外な側面を知り合え、その場も和み、互いに発言しやすい雰囲気づくりにもなって効果的だ。さらに、月例会議の終わりには「みんなの読書」の時間を設け、最近読んだ本の感想をシェアする時間を設けている。書籍から学んだ情報交換自体も参考になるが、お互いの関心や考え方を理解し合うのにも役立つ。

リモートワークによって、対面でのコミュニケーション機会が少なくなる状況では、フォーマルな時間の中にインフォーマルなコミュニケーションの機会を取り入れる意味は大きい。私の会社では、2020年3月以降、現在も全社員がリモートワークを続けている。その間の入社者を含め、「チェックイン」や「みんなの読書」を続けているため、チームワークやマネジメントに支障はない。ぜひそれぞれの職場に合った相互理解の場づくりをお勧めしたい。

最後に留意しておきたいことは、上司がプライバシー領域も含め部下の自己開示を促す目的だ。それは、部下の働きがいを創出し、本人の成長やキャリアを支援するためだ。この共通認識があってこそ、職場が安心して働ける「ホーム」になることを強調しておきたい。

第2章 キャリアと育成

4 一人前になるには「石の上にも三年」は必要？

厳選採用が不可能な「超売り手市場」時代に突入

最近、私の会社に企業経営者や人事担当者から若手社員の早期離職を食い止めたいという相談が急増している。コロナ禍の収束と経済の正常化に向けた採用熱も拍車をかけている。特に、これまで就職人気業界・企業であったところほど顕著だ。

これまで伝統的な日本企業は、新卒一括採用で若者をふるいにかけて厳選し、ＯＪＴ中心の企業内人材育成によって長期的に育ててきた。90年代初めのバブル崩壊以降、買い手市場である就職氷河期が20年以上続いたため、この厳選採用がやりやすかったといえよう。

ところが、近年はそもそもの募集人数に対して十分な応募が集まらなくなっている。若年労働力人口の減少、技能伝承の必要、景気回復という三つの条件が重なってきたからだ。若企業は、既に若者をふるいにかけること自体が困難な売り手市場に潮目が変わったことをまず認識すべきだ。この数年は、コロナ禍という特殊な状況で採用を手控えた企業もあった。しかし、少子化の影響で、大学を卒業して企業で働き始める22歳の新卒人口が２０２2年から減少傾向に転じる「２０２2年問題」とも相まって、中長期的には売り手市場傾向は続くだろう。

こうした中、やっとの思いで採用した若手社員が早期離職してしまっては、目も当てられない。ただ若手社員のほうも早期離職する前提で入社する人は少ないはずだ。現状分析をする中で分かったのは、企業側が若手社員の真の離職理由を捉えきれていないということだ。いったい何が食い違っているのか。なぜ若者はすぐに辞めてしまうのだろうか。

マネジメントの非常識

若手社員を育てるには「石の上にも三年」が必要?

若手社員の離職を招く要因は、リアリティーショックだ。就職先の職場や仕事が想像とは大きく異なると感じること。理想と現実のギャップである。ただし、いつの時代にも新社会人にリアリティーショックはあるものだ。管理職や経営層自身も、多かれ少なかれ経験してきたことだろう。「石の上にも三年」ということわざがあるように、数々のギャップに耐え、試練を我慢し、自力で乗り越えるのが当然だと考える人も多いはずだ。

けれども、この「我慢して頑張るべき」という考え方が、もはや時代遅れだと私は考えている。40代後半以上の管理職や経営層が就職した頃は、まだ終身雇用が約束されており、若い頃に我慢して働けば次第に昇進・昇給する年功序列であり、定年まで勤め上げれば、退職金と年金で老後の暮らしも見通せたはずだ。特に大企業なら、就職できれば一生安泰と考えていた人も多いことだろう。つまり、「石の上にも三年」は、将来が保障されるという暗黙の前提があったから通用したのだ。

しかし、今の若者は、終身雇用はおろか年功制の給与体系も崩壊しつつある現代に働き始めている。大手企業で中高年層のリストラが頻発し、親世代が苦労する姿を間近に見て育ってきたため、企業の安定性を信じられなくなってきたのだ。その結果、優秀な若者ほど「寄らば大樹の陰」では将来が保障されない時代に働かなければならないことを自覚しており、会社がどうなっても食べていける市場価値のある人材に早く成長したいと考えている。

これを裏付けるデータもある。リクルート就職みらい研究所「就職プロセス調査（2023年卒）『2022年12月1日時点　内定状況』」（2022年12月15日）によると、学生が就職先を選ぶ決め手のトップは「自らの成長が期待できる」（47・7％）で、福利厚生や手当（43・5％）、会社や業界の安定性（39・5％）、成長性（24・3％）、会社・団体の知名度（23・7％）、規模の大きさ（23・1％）、年収の高さ（13・6％）などを引き離している。「就社」ではなく、「就職」に意識が変わってきたともいえる。そのため、「石の上に三年」も我慢する意味が分からなければ、若者はすぐに辞めてしまうのだ。

では、若者の早期離職を防ぎ、職場定着を図るにはどう対処すべきか。

マネジメントの新作法❶

上司は管理職から〝支援職〟に役割を変える

第一は、直接の指導役である上司やＯＪＴリーダーの役割を、管理職から〝支援職〟に変更することだ。会社からの指示・命令を完遂させるマネジメントから、若手社員側のキャリア希望を受け止め、それを組織貢献できる役割に結合させ、自発的な働きを促すリーダーシップにシフトするのだ。具体的には、直属の上司やＯＪＴリーダーが若手社員と育成のための定例ミーティングを設定したり、業務日誌やメール日報を交換したりするな

図表 2-1 傾聴の六つのステップ

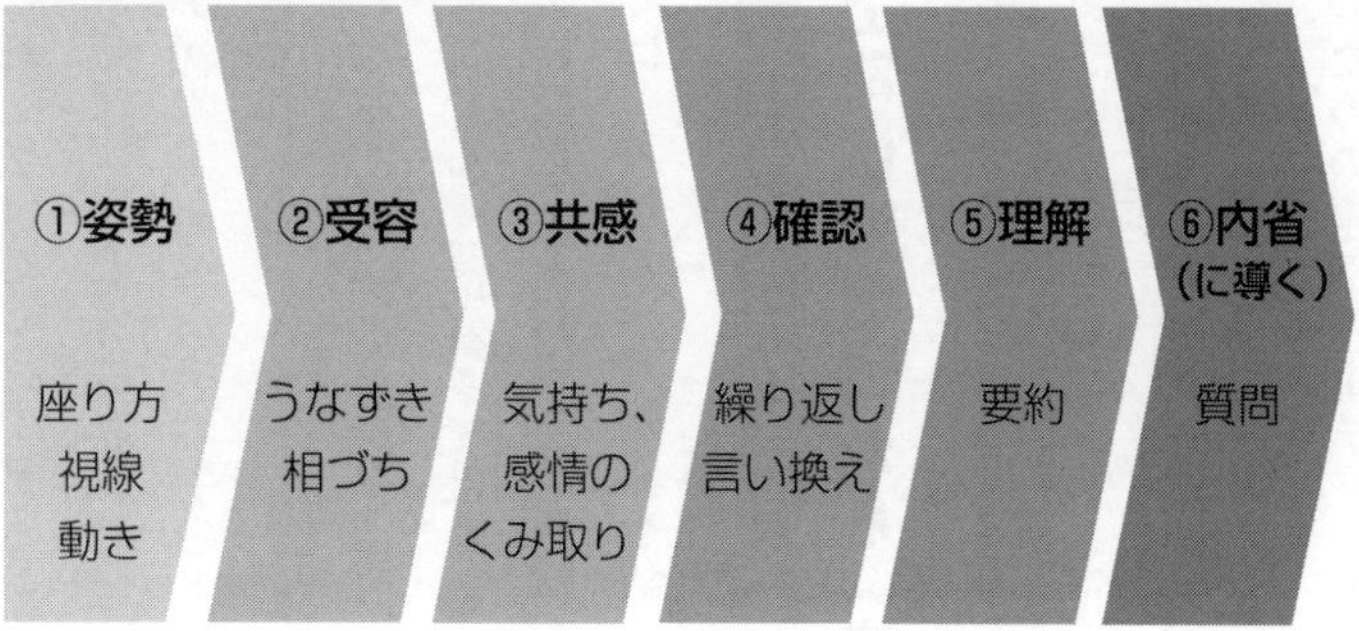

資料出所：筆者作成

ど、若手社員の側から気軽に発信し、相談しやすい報連相の機会をつくることだ。

その際、上司側が心掛けるべきは「アドバイスよりまず傾聴」の姿勢である。これまでの上司像であれば立場上、若手社員に対して一方的な指示・命令をしがちだ。必要なＯＪＴをしっかり行うことは大切だが、指示・命令が先行すると若手社員は次第に萎縮し、発言を遠慮するようになる。そうなると、職場や仕事に対するリアリティーショックや不安・不満も内面にため込み、相談の機会を失い、ひいては離職につながってしまう。未然に防ぐためには意図的な傾聴の機会づくりが必須になるのだ。

傾聴は、①相手の話をじっくり聴ける落ち着いた場所とリラックスした姿勢を整え、②受容的、肯定的に相手と接し、うなずきや相づちで話を引き出し、③話を共感的に受け止め、気持ちや感情を丁寧にくみ取り、④相手の話を復唱するなどして確認し、⑤ポイントを要約し正確な理解を示し、⑥「なぜそう思うか?」質問し内省に導く、といったステップで行う【図表2-1】。

実は、傾聴とは単にじっと聴くだけでなく、アクティブリスニング(積極的な聴き取り)であり、その真価は相手を受け入れつつ深く考えさせ、主体的な意見や行動を引き出すことといえる。

なお、受容や共感は同調とは異なる。たとえ自分の意見と異なっていても、相手の意見や気持ち、価値観を否定することなく、ありのままに受け止めることだ。それによって、相手に「話を聴いてもらえた」「また相談に乗ってもらえる」という安心感と信頼感を与えられる。その上で、相談内容にいかに対応すべきかを上司側もしっかりと内省し、相互理解と解決に向けて向き合っていくのだ。

マネジメントの新作法❷

若手社員には顧客満足や社会貢献につながる仕事を早期に体験させる

第二は、若手社員には早い時期から、成長の可能性や働きがいを感じられる仕事を経験させることだ。マーク・モーテンセン(INSEAD准教授)とエイミーC・エドモンドソン（ハーバード・ビジネス・スクール教授）は、人材獲得競争に勝つためには四つのファクターが求められるとする。人材を惹《ひ》き付け、離職を防ぐために、短期的には「物理的な待遇」「つながり・連帯」が必要だが、長期的には「能力開発・成長の機会」「意義・パーパス」が必要だとする（「人を惹き付け、離職を防ぐ　従業員価値提案を見直すべき時」『ハーバード・ビジネス・レビュー』２０２３年5月号）。まさに私の考えとも一致する。

優秀な若手社員ほど現在の仕事を通じた成長の機会と働きがいをどれだけ持てるかに強い関心を持っている。また、平成生まれの若者は、災害救援や国際貢献をはじめとした多様なボランティア活動を頻繁に見て育ったため、社会貢献への意欲が強く、給料や職位以上に仕事の意義や意味に対する意識も高い。

留意すべきは、成長意欲の高い若者は単に「働きやすい職場」を心地よく感じていないことだ。近年、働き方改革が進む中で、時間外労働の上限規制や年次有給休暇の取得促進、育児・介護と仕事との両立支援など、働きやすい職場環境づくりが進んできた。しかし、いくら労働条件は良好でも自らが成長できない「ぬるま湯企業」は敬遠されるのだ。

リクルートワークス研究所主任研究員の古屋星斗氏は、『ゆるい職場　若者の不安の知られざる理由』（中央公論新社、２０２２年）の中で、以下のように指摘している。

・「若者がゆるくなった」のではなく「職場がゆるくなった」
・「職場がきつくて辞める」から「職場がゆるくて辞める」へ

ある食品製造・販売会社では、若手社員の離職に悩んだ末に、仕込み補助や後片付けなどの下働きで育成してきた旧弊を改め、若手社員の憧れである花形商品の製造と、その商品をお客さまに直接提供し喜んでいただく瞬間に立ち会うという第一線の仕事を体験させることにした。その結果、早期離職は大幅に減ったという。若手社員が自社の仕事に働きがいと希望を感じ、日々の仕込みの仕事に励むようになったからだ。

皆さんの企業現場でも、若手社員に下働きばかりではなく、働きがいを感じられる花形仕事を思い切って任せ、体験させることだ。若手社員だけで難しければ、先輩社員のサポートをつけることも有効だろう。若手社員に早期に働きがいを体験させることで、職場と仕事へのエンゲージメント（会社への愛着・業務に対する意欲）を高めることができるだろう。

5

ジョブローテーションはキャリア自律の妨げになる？

異動は社員の希望を配慮する傾向

近年、会社都合の異動を極力なくし、社員本人の希望に沿った勤務エリアや部署や仕事への配属を尊重する企業が増えている。

ある大手サービス企業では、一部の部門でジョブ型の働き方を取り入れつつ、事前に職務内容を明示した専門領域別の人材登用を導入。新卒者や転職希望者、既存社員から希望者を募る方法を採用した。デジタル化推進をはじめとして、事業環境の変化に適応できる専門人材の育成が狙いとされる。また、特定の領域においては、事前に決めた区分内に異動を限る方向に舵《かじ》を切った。そのほか、新卒採用から専門領域別の採用枠も設定。入社から数年間は専門領域内で経験を積み、中堅に差し掛かるタイミングからジョブ型かメンバーシップ型かの選択も可能としている。

ジョブ型への移行と併せ、原則として会社都合のみの異動や転勤をなくし、個人のキャリア希望を尊重する潮流が強まっている。

ある大手企業では、公募制度を刷新。入社2年目以降の社員の誰もが希望の事業分野、部署、職種、勤務地などを表明できるようにし、その情報を部長職以上が共有。異動先の事業部長と合意できれば異動可能とした。

ある大手サービス企業では、中堅層までの総合職を対象に、将来希望する仕事を多様な業務領域のさまざまな職務から選択。本人意向を重視し、若手の大半の異動先を希望に添うものとしたという。

ある大手IT企業では、異動先の事業部長と社員本人が合意すれば、現所属部上司の了解なしにいつでも希望部署に移れる。各事業部は独立採算制で、必要定員の定めは自主裁量。必ずしも新規受け入れの代わりに既存社員を転出させる必要はない。初年度は全社員のうち1割弱が希望をかなえたという。

ほかにも、若手を中心に異動希望をかなえる制度を取り入れる企業が相次いでいるのだ。〝会社の人事発令は絶対〟と捉えてきた40代以上の人には、隔世の感があるだろう。

マネジメントの非常識

ジョブローテーションはキャリア自律の妨げとなる？

これまでの日本の大手企業の人事制度は、多くが終身雇用を前提としたメンバーシップ型の下、会社都合によるジョブローテーションや人事異動や転勤が当然のごとく行われていた。しかし昨今では、会社都合の人事から個人の希望を尊重する人事へと、ダイナミックな変化が起きている。

こうした動きの背景には、若年労働力人口の減少に伴って若手人材の売り手市場化がますます進む中、何とか若手人材の確保と定着を図りたい企業側の思惑がある。長らく続いてきた大卒入社の「3年3割離職」傾向も収まる兆しはなく、むしろ高まる気配すらある。私も大学で教えており、学生と接する機会が多いが、大学等でのキャリア教育が充実しており、若者のキャリア志向は年々強くなっていると感じる。企業としては、若手の配属希望やキャリア希望を重視した人事施策を打ち出さなければ、選ばれる存在たり得ないという危機感の表れともいえるだろう。

また、社員育成の観点から、本人の意に沿わないジョブローテーションや人事異動はキャリア形成の妨げになるとの考え方が、社員と企業の双方に浸透してきた側面もある。

メンバーシップ型からジョブ型へと流れが変わる中、社員自身が希望する一定の職能で継続的に専門性を磨き、プロとしての自律的なキャリアを築くことを最大限尊重すべきとするものだ。

もはや、終身雇用が期待できない時代。若手社員にとっては、今の会社が自分の長いキャリアをずっと保障してくれるとは考えられない。それは会社側も同様だ。したがって、働く個人の意向を尊重してくれることが企業選択の要件となり、人事権を振りかざし、社員を動かそうとする企業は敬遠される風潮が強まってきた。就活生から人気のあった大企業であっても、この変化の潮流を軽視すれば人材確保もままならないとの危惧が広がっているのだ。

マネジメントの新作法❶

キャリア開花のためのローテーションは残すべき——想定外の可能性を閉ざすリスクを知る

では、会社が主導するジョブローテーションや人事異動は、本人の成長やキャリアにとって本当に望ましくないのだろうか。私は、若手社員の意向を過度に尊重する人事は、本人にとっても組織にとっても良いことばかりではないと考えている。

これからキャリア開発していく若手社員にとって、想定外の異動や転勤を命じられることは、そこで多様な人や仕事との出会いがあり、意外な自分の可能性が見つかり、成長の機会を得られるという利点もある。経験を積んできた上司の中にも、そうした実感を持つ人は少なくないだろう。

私自身、会社員時代に長らく携わった多彩な雑誌やウェブメディアの編集の仕事は、当初自分が希望したものではなかった。しかし、それが結果として自分では知り得なかった魅力ある仕事や人との出会いにつながり、キャリアを磨くことができた。当時積み重ねた企画・編集のノウハウが現在の人材育成事業に大いに役立ち、起業してからのライフワークに結実したと感じている。これは自分が希望した仕事だけに就いていては、成し得なかったことだ。

スタンフォード大学のジョン・D・クランボルツ教授は、偶然の出来事によってキャリアは開けていくというプランドハプンスタンス理論（計画された偶発性理論）を主張しているが、まさにそのとおりだ。本人意向尊重の人事が極まると、ジョブローテーションによる偶然の出会いによってキャリアが開かれる可能性が狭まってしまう。

社員一人ひとりが想像力を働かせてさまざまな選択肢を考え、自分の意思によって自律的なキャリアを切り開いていくことは一見理想的な在り方に見える。その半面、自分自身では気づくことのできない隠れた強みや才能を見いだすチャンスや、想定外の成長の可能性を失うリスクがある。キャリア形成の初期段階にあり、可能性の塊である若手社員ほど、その傾向は顕著だ。

したがって、本人の希望を尊重しつつも、本人のキャリア開花の可能性に通じる会社主導の提案型ジョブローテーションは残すべきだ。

マネジメントの新作法❷

本人のキャリアビジョンと会社のビジョンが重なり合う配属や異動を提案する

提案型ジョブローテーションを効果的に行うためには、上司側の部下育成力が問われてくる。部下のキャリア希望を無視し、会社都合を一方的に押し付け、成長意欲をそぐような人事施策は支持されない。しかし、だからといって、本人の意向だけに任せきりとし、一歩踏み込んだ部下への関わりや育成がおろそかになってはいけない。強制力によるのではなく、部下一人ひとりと積極的に対話し、本人が気づいていない持ち味や可能性を見いだしながら、キャリアの広がりを示唆するマネジメントが大切になる。

私の会社が支援する大手企業で実施した、若手社員向け「キャリアアップ研修」の例を紹介しよう。この企業では、入社1～2年の育成期間を経た上で本配属となるが、営業職への忌避傾向が強いことが課題であった。営業目標がプレッシャーとなるため、若手社員は内勤スタッフとしての配属を望むのだ。

そこで研修では、若手社員の入社動機をあらためて振り返り、ひもとくところから始めた。すると、多くの社員が仕事を通した顧客満足や地域社会への貢献などを挙げていた。最近の若手世代はSDGsなどにも関心が強く、詳しく学んできた者もいる。そのため、そうした希望を自ら実践できる第一線が営業にほかならないことを丁寧に解説する。個人顧客や取引企業本位の商品・サービスを提案・提供することで、真に役立ち喜ばれる。それが営業の仕事の本懐であり、その感謝の対価として得られるのが売り上げであり、結果としての営業目標達成にほかならない。

そう話した上で、先輩社員の自分自身の働きがいにつながった営業体験を語ってもらう。例えば、入社当初は、自分はコミュニケーションが苦手で営業など無理だと思っていたが、かえって地道な活動が誠実さと映り、信頼を得て成果を上げたケース。また、営業を経験することで、顧客ニーズを深く理解でき、その後の商品企画や広報宣伝など自分が希望していた仕事に就いた際、大いに役立ったケースなどを紹介した。そうした先輩社員の実体験を通して営業の魅力を伝えることで、営業という仕事が自分のキャリアビジョンや成長にかなうものだと前向きに捉え直せるようにマインドチェンジへと導くのだ。

以上は研修による試みだが、上司が行う1on1ミーティングなどの取り組みを通して、若手社員の入社動機や仕事への思い、キャリア希望をしっかり聞き取り、本人の隠れた持ち味や可能性を見定めることが可能だ。そして、会社の方向性と合致させる形で、本人のキャリアを開花させるためのジョブローテーションを提案することもできるだろう。

そのためには、上司に若手社員一人ひとりをしっかりと見つめ、個々の特性を活かす手腕が求められることを忘れてはならない。

6 40〜50代の学び直しはもう遅い？

DXなど変化への対応で、学び直し必至

DX（デジタルトランスフォーメーション）人材の中途採用や、新卒での別枠優遇採用など、DX人材ニーズの気運が盛り上がって久しい。加えて、既存人材についてもDX対応のための学び直し（リスキリング）の必要性が盛んに強調されている。

三菱総合研究所が2018年に公表した「内外経済の中長期展望　2018-2030年度」によると、2022〜2030年の間に人事や経理をはじめ人の手に頼ってきたルーティン（定型的なタスク）の事務のDX化によって、事務職人材の余剰が拡大。また、生産・輸送・建設などの生産職や、販売・サービス職も、当面は不足するものの2028〜2029年にはAIやIoT、ロボティクスに代替され、余剰拡大に転じるとの予測だ。

一方、今後需要が増大するのが専門技術職。まさにDX人材をはじめ、ノンルーティン

（非定型＝創造的なタスク）で分析力や創造性を要する職種とされる。

同報告は、働く個人の学び直し促進を提唱。ルーティン業務からノンルーティン業務へのシフトを目指し、たとえ類似業種でも高い専門職人材へのスキルアップが必要で、官民上げて支援すべきとしている。

DX化の波と軌を一にしながら、喧伝《けんでん》されているのが人的資本経営＝人への投資として強調されるリスキリングだ。この言葉の意味自体は「スキルの学び直し」だが、あらためてクローズアップされる背景を捉えるには次の定義が象徴的である。

「リスキリングとは、『新しい職業に就くために、あるいは、いまの職業で求められるスキルの大幅な変化に適応するために、必要なスキルを獲得する／させること』を指す。とりわけ近年では、デジタル化とともに生まれる新しい職業や、仕事の進め方が大幅に変わる職業に就くためのスキル習得を指すことが増えている」（リクルートワークス研究所「特集レポート4　リスキリング　デジタル時代の人材戦略」『Ｗｏｒｋｓ Ｒｅｖｉｅｗ「働く」の論点２０２１』）。

すなわち、今後はＤＸによるビジネスと企業の変革が必至。これに対応するため中堅・ベテラン社員も含め、新たなスキルの習得が必須であり、そのための学び直しが不可欠となる。リスキリングは、こうした文脈で論じられているのだ。

マネジメントの非常識

40～50代全員がデジタルスキルを身に付けるべき？

こうした背景の下、全社員にDX対応のリスキリングを課す企業も増えてきた。ある大手IT企業では、社員の先端IT人材への転換を急ぐため、全社員を再教育。業務で人工知能（AI）を活用できるようにと、全社的に新サービス創出や業務効率化に取り組む環境を整備する。

ある大手メーカーでは、役員を含む国内グループ会社の全社員を対象にDX教育を実施。中期的に教育を中心にDX関連で1000億円規模を投資するとのこと。

ある大手サービス企業では、グループを挙げてDXを推進。「DX推進の要は人材にあり」との方針の下、国内グループ全社員を対象にDX人材の育成を開始。DX推進に必要な人材を役割とスキル別に分類し、体系的な研修を実施――など。

私が定期的に情報交換を行う教育研修会社の社長会でも、目下の話題の一つが企業のDX人材育成への対応だ。クライアント企業でも自社のDX化に向けた社員教育へのニーズが高く、研修依頼を受ける側にも備えが必要となってきた。そこで、教育研修会社としてもDX人材育成の専門家を呼んで、学習会を開くなど情報収集に忙しいのが実情だ。

しかし、いきなりDXスキルの習得に挑めと迫られる社員側からは、戸惑いの声が少なくない。何より「やらねばならない」との強迫観念に追い立てられる学び直しは、苦痛以外の何物でもない。特に40～50代のミドル世代には、DXありきのリスキリングに抵抗感を抱く人も少なくない。

ここで、経営や人事の間で持ち上がるのが「果たして、40～50代全員がデジタルスキルを身に付けるべきか？」との疑問だ。当のミドル世代も、いまさら四苦八苦して学び直しをしてまでDX化に適応するのは、どうやら苦痛らしい。若手社員に任せて、自分たちは何とか逃げ切りたいと考えるミドルも少なくないようだ。ならば「40～50代の学び直しは難しい」と割り切るのも一手。優秀な若手社員や専門のDX人材を厚遇して活躍を促し、ミドル世代のリスキリングに力を入れる必要はない、ということになる。

マネジメントの新作法❶

経験値を活かし、一人ひとりのキャリア自律に向けた学びを促す

DX化とリスキリングが叫ばれる中でありながら、40～50代のミドル世代の学び直しは困難であり、不要なのだろうか。このテーマを考える上で、一つの好事例がある。

株式会社Mマートという会社をご存じだろうか。創業者で代表取締役社長の村橋孝嶺さんは、1936年生まれ。20歳で飲食店を起業後、食品業界で多彩な事業経営に着手。その経験を基に、2000年に64歳でMマートを起業した。

同社は、メーカー、卸売業者、輸入業者などが対象のBtoBに特化した食品・食材のインターネットマーケットプレイス事業を展開。2018年、81歳で上場。「信頼」と「安心」をモットーに、2023年1月に買い手登録会員数が20万社を突破する一大企業に成長した。

起業の動機は、飲食業においてベテランの自分でさえ良質な仕入れ先の確保に四苦八苦した業界の実情。若い事業者たちはさらに困るだろうと、自ら信頼できる仕入れサイトをつくり、助けになりたいと考えたという。業界全体への恩返しと次世代のためとの志に強く共感する。さらに心に響くのが次の言葉だ。

「やる気があれば年齢は関係ない」「(年配者は)若い人よりも知識も経験も持っているんだから活かしなさいよ!」「『ネットビジネスはわからない』ではダメです。売り買いは、人間の心理に基づいているものなので、昭和の時代から変わりません。道具が違うだけです。道具は若い人に任せればいいわけです」(2018年6月15日　東洋経済オンライン「81歳社長が率いるMマートの次なる事業構想/村橋孝嶺社長にビジネスモデルを聞く」)。

慶應義塾大学 環境情報学部教授であり、Ｚホールディングスでシニアストラテジストも務める安宅和人氏は、西郷隆盛や大久保利通、木戸孝允、伊藤博文など当時30歳から40歳過ぎの人材が活躍した江戸開城・明治維新になぞらえて、こう主張する。

「僕を含むミドル、マネジメント層は、いい歳をして坂本龍馬を目指すのではなく、こういう挑戦をサポートし、励まし、金を出し、必要な人をつなぐという、勝海舟的なロールを担うべきだ」（『シン・ニホン AI×データ時代における日本の再生と人材育成』NewsPicksパブリッシング、2020年）。

すなわち、DX時代に40～50代全員が専門技術者に転身する必要はない。ただし、時代の変化と新技術の特性を学び直し、自分が積み重ねてきた経験値をどう応用できるか考える。新技術の運用では、若手社員の強みを頼り任せる。それがミドルに期待される学び方と働き方であり、自分を活かすキャリア自律にもつながる。40～50代ミドルのリスキリングに当たっては、このように会社視点ではなく、個人視点に立った学びの方向性を丁寧に示すことが大切だ。

マネジメントの新作法❷

人生後半に大志を抱き、ライフワークへの学びを促そう

40~50代ミドルにおける人生後半の学び直しの在り方をあらためて考えてみよう。

伊能忠敬という、歴史上の人物の名前をご存じの方は多いと思う。では、彼は何を成した人か。多くの人は、江戸時代に自ら日本全国を測量して歩き、初めて正確な日本地図を完成させた人と答えるだろう。それは正解ではあるが、彼の一面のみでしかない。

実は、彼がその偉業を成し遂げたのは、50歳を超えてからの第二のキャリアにおいてだ。それまでの彼の本業は下総（現在の千葉県北部と茨城県南部）の酒造業の経営者だった。現在の価値で30億円以上ともいわれる資産を築くほど大成功。一仕事成し遂げた上で、人生の後半で新しい仕事に挑戦し、今流に言えばキャリアシフトを果たしたのだ。

私が感動するのは、彼が50歳で本業を引退し、江戸に出て31歳の若き師匠である高橋至時に弟子入りしたこと。そして、関心のあった天文学と測量を本格的に学び直した。なぜ、その若者を師と選んだのか。彼は昔の中国の暦が実際の天文現象と合わないと気づき、江戸の学者たちに尋ねるが、誰も的確に答えられない。しかし、唯一回答できたのがこの若き学者だった。そこで年齢差などには一切こだわらず、自ら懇願して弟子入りしたという。

弟子入りした当時、既に彼は大成功して財を成した元経営者で、地域の名士だった。しかし、それらを次世代に譲り、新天地で若き師についた。平均寿命が短かった当時の50歳は、現代の70代にも相当する年齢。その柔軟さに敬服する。こうして第二の職業人生で、第一の職業人生を大きく上回る功績を残したのだ。

現代の私たちにとって、50歳は人生の中間の通過点に過ぎない。心さえ老いなければ、ライフワークを定め直し、さらに学んで活躍して社会に貢献できる。人生100年時代となった今、本当に自分らしい仕事に取り組み、後世に残していくのはこれからだ。

しかし、これは決して今の仕事をおろそかにしたり、安易な早期退職を勧めたりするものではない。大事なのは、これまでの自分の経験を見つめ直し、これを活かせるように大きな夢を育み、未来に向かって今から歩み始めること。そのプロセスとして、今の会社でまだまだ自身を磨くこと、学ぶべきことはたくさんある。若い世代から謙虚に学ぶ姿勢も重要だ。将来につながると分かれば、これからの学びや仕事の意味付けが変わり、モチベーションも高まる。その学ぶ姿勢や働きぶりは、周りからの評価を上げることにもなるだろう。

40~50代ミドルが人生後半に大志を抱き、ライフワークにつながる学び方と働き方を見いだせるよう、多角的な視点からの支援が大切なのだ。

第3章 上司力（部下指導）

7 今どきの部下は厳しく指導するより、褒めて育てるべき？

働き方改革、パワハラ防止法で、厳しい指導がしづらい時代

働き方改革により、長時間労働の是正や年次有給休暇の取得促進など、働きやすい職場環境づくりが進んでいる。また、改正労働施策総合推進法（いわゆるパワハラ防止法）の施行で、職場のハラスメント対策が事業主の義務となった。パワハラとは、「職場において行われる優越的な関係を背景とした言動であって、業務上必要かつ相当な範囲を超えたものによりその雇用する労働者の就業環境が害されること」をいう（同法30条の2）。

昭和から平成に変わった1989年に流行した栄養ドリンクのテレビCM「24時間戦えますか」のようなモーレツ職場は、もはやブラック企業。上司が熱意のあまり、「歯を食いしばって、徹夜をしてでもやり遂げるぞ！」などと部下にハッパをかけようものなら、部下からパワハラ上司の烙印《らくいん》を押されてしまうだろう。もとより、上司は部下に対して人権侵害や健康被害をもたらすような言動は厳に慎まなければならず、ハラスメント防止の重要性は論をまたない。

そうした中で、最近、私の会社が開講する「上司力®研修」の受講者からは、次のような悩みを聞くことが増えた。

「繁忙時や、ここぞという時でも、部下に残業はさせられない」

「部下の成長のためにも負荷の高い仕事を任せたいが、ためらってしまう」

「部下に少し厳しく注意すると不服そうな顔をされ、こちらが戸惑う」

「ハラスメントの指摘が怖くて、一歩踏み込んだ指導がしづらい」

働き方改革とパワハラ防止法の陰で、多くの上司たちが、いかに部下と接し指導・育成すべきか苦悩する事例が増えているのだ。

マネジメントの非常識

褒めて伸ばす育成は絶対か？

最近では「今どきの若者は、褒めて伸ばすのが一番だ」という風潮が一般化してきた。褒め方のトレーニングや検定も生まれ、管理職研修のプログラムに組み入れて組織ぐるみで取り組む企業も少なくない。

こうした〝褒めて伸ばす〟育成手法は、一見理想的に見える。しかし、絶対的な手法と過信してはならないのではないだろうか。思わぬ落とし穴があることに注意が必要だ。

個人のモチベーションと組織との関係に詳しい同志社大学・太田肇教授の著作『「承認欲求」の呪縛』（新潮社、2019年）で取り上げられた、ある民間病院の事例が象徴的である。優秀な働きをした職員をMVP（最優秀職員）として表彰する制度を取り入れたところ、なぜか受賞者の多くが、受賞後比較的短い期間に辞めていくようになったという。その理由を調べてみると、表彰されたことがプレッシャーとなり、その後も期待に応え続けなければと悩み、息切れを起こし、働き続けるのが苦しくなったという。

また、『先生、どうか皆の前でほめないで下さい』（東洋経済新報社、2022年）の中で、著者の金沢大学・金間大介教授は、若者の多くが皆の前で褒められ目立つことをひどく嫌うと主張している。

大学生が選ぶ「嫌いな講義」ランキングの第1位は、先生に当てられる授業だという。横並びの平等意識が強く、いつも自分が浮いていないかが心配。自分に自信がなく、評価されることへの嫌悪感と恐怖心が強い。そうした若者たちを「いい子症候群」と呼び、自分以外の誰かに関わる事柄では何も決められず、自ら提案することもないという。

長年、大学で教壇に立っている私の感覚からすると、本の中で取り上げられているのはやや極端な描写で、実際には若者も多様だと感じる。ただ、デジタルネーティブでSNSの強い影響を受けている現代の若者たちの一つの傾向をリアルに映し出しているのは確かだろう。同調圧力に敏感で、自分だけが列からはみ出すことを嫌うのだ。私は、若者をそのように育ててしまった大人こそ、深く反省すべきだと考えている。

以上の例から、〝褒めて伸ばす育て方〟は必ずしも万能ではないのだ。

マネジメントの新作法❶

部下の行動を具体的に褒める

相手を褒めることは大切だが、「褒め過ぎ」には注意が必要だ。これは心理学者A・H・マズローの欲求5段階説にある「他人から尊敬されたい、自分を価値ある存在だと認めら

図表 3-1 マズローの欲求5段階説

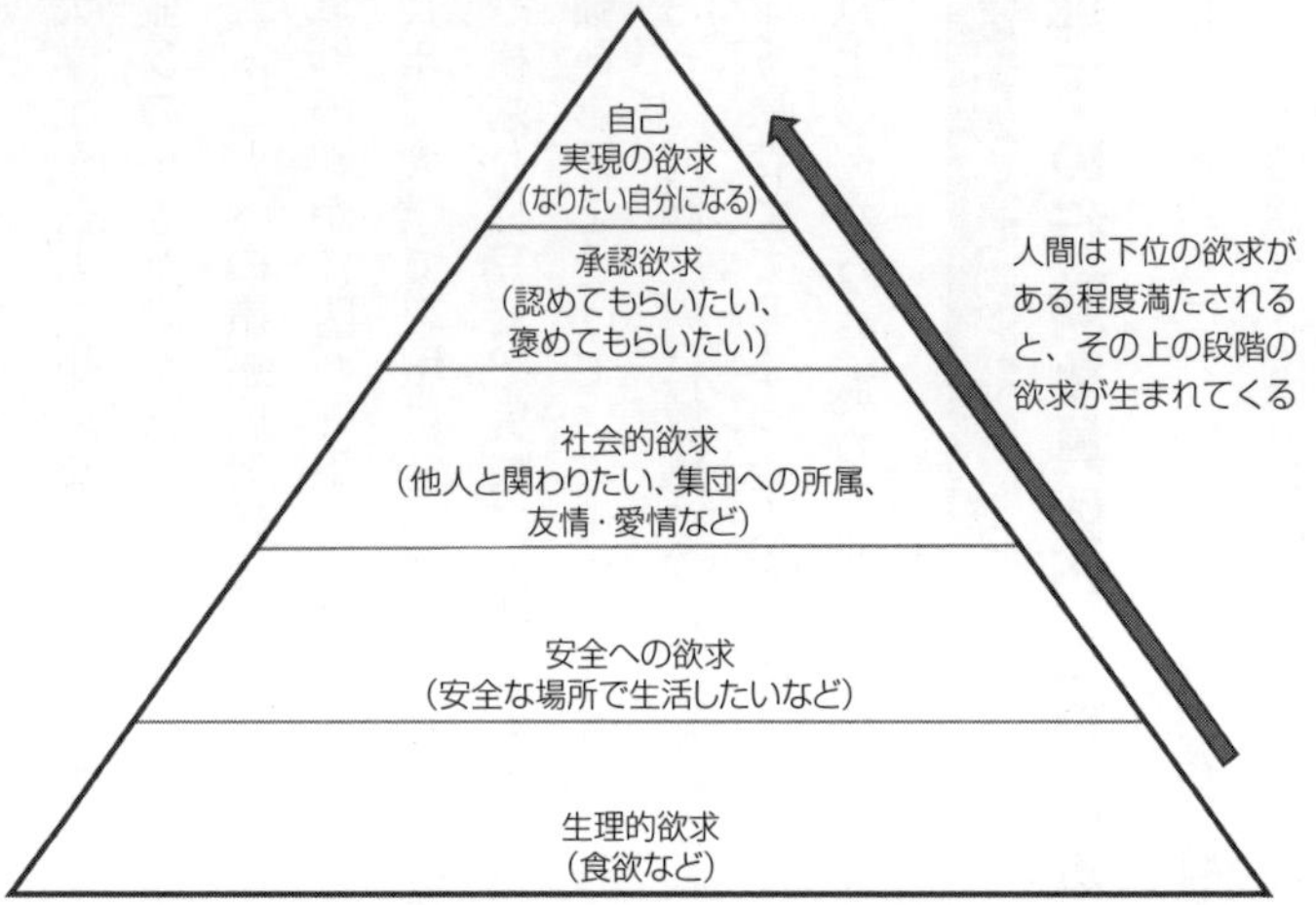

れたい」という承認欲求と関係する【図表3-1】。前出の太田教授も、現代人が承認欲求に縛られて身動きが取れなくなっていると指摘する。

部下を褒める際に、あまりに大げさに褒めて過大な期待をかけると、プレッシャーでつぶれてしまうおそれがある。一人ひとりの状態や気持ちをよく考え、適度な褒め方への配慮が必要だ。

部下を褒めるべきときは、しっかり褒めたい。その時に大事なのは、第一に、特定の部下だけを褒めるのではなく、できるだけ間を置かず全員くまなく褒めるように心掛けるとよい。一人ひとりの持ち味を見極め活かしていく、ダイバーシティマネジメントの視点だ。

第二に、部下の具体的な行動を褒めることだ。特に、TPO（タイミング、場所、状況）を明確にし、どの仕事のどういう部分をどう評価したのか、具体的に伝えた上で褒めることだ。結果だけでなく、プロセスもしっかり評価しよう。そうした褒め方なら部下も素直に喜べるし、人材育成の効果も期待できる。

そのためには、普段から現場で働く部下一人ひとりをしっかり見守ることが大切になる。

マネジメントの新作法❷

本物の優しさは厳しい愛

冒頭に述べた「褒めて伸ばす風潮」の一般化という環境変化からやむを得ない場面も多いが、管理職はややもすると〝褒めて伸ばそう〟とするばかりに、〝優しいだけの上司〟になりがちだ。しかし、それでは本気で部下と向き合っていることにはならない。

表面的には優しいようでいて、実はひたすらハラスメントの指摘を避け、〝触らぬ神に祟《たた》りなし〟と、自分を守る意識からそうした行動に至っている人も少なくないからだ。少し厳しい指摘かもしれないが、これでは部下の育成を放棄した無関心に近い状態といえるだろう。

【図表3-2】は、筆者が「上司力®」をテーマに語る際に提示しているフレームだ。部

図表 3-2 部下との関わり方から見た上司のタイプ

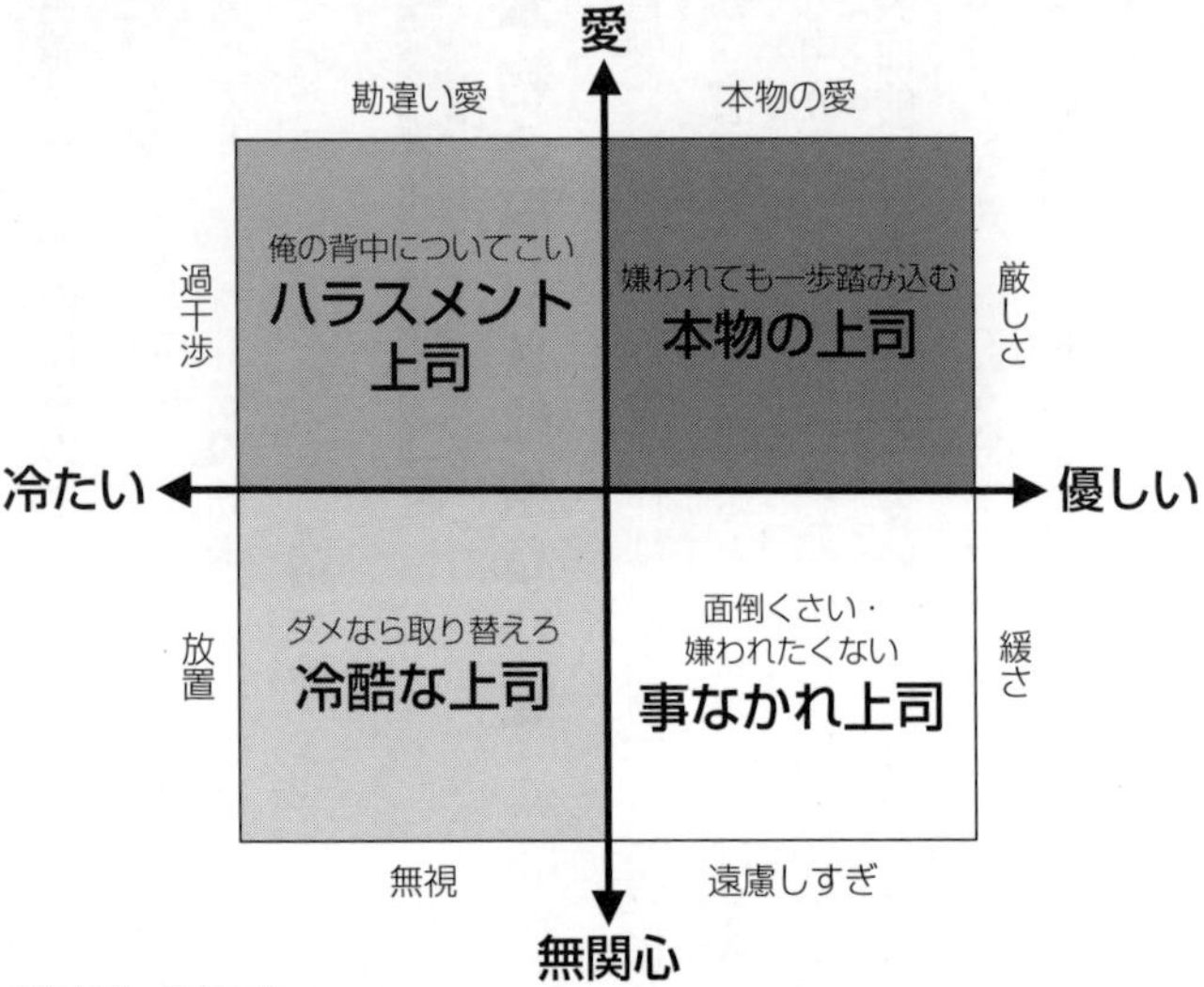

資料出所：筆者作成

下に対する上司のタイプを4象限で示している。横軸は、部下に対して「冷たい」か「優しい」か。縦軸は、部下に対して「無関心」か「愛情（関心）がある」か、で表している。マザー・テレサの名言「愛の反対は憎しみではなく無関心である」としてご存じの方も多いだろう。

高度成長期のように、誰もが年功序列で部下を持つ管理職になれる時代ではない。それなりに厳選された人材が管理職に登用されていると思われるため、**【図表3-2】**の左下のような、部下に無関心で冷たい「冷酷な上司」は、さすがに多くはないだろう。部下をモノのように扱い、ダメなら取り替えろという姿勢では、そもそも管理職の任にあらずだ。

右下は、先ほど指摘した「事なかれ上司」である。一見、部下に優しく見えるが、実は無関心。深く関わることは面倒だが、嫌われることだけは避けようと、無難に振る舞っているタイプで、部下の成長が見込めない〝ぬるま湯企業〟にありがちだ。

左上は、「俺の背中についてこい」とばかりに、自分のやり方を押し付け、マイクロマネジメントで自分に従わせようとする過干渉タイプ。部下への関心と愛情は持っているものの、勘違いが激しい。時代錯誤的な関わり方では、一歩間違うと「ハラスメント上司」になりかねない。

そして、右上が、部下に対して時に厳しい「本物の上司」だ。一人ひとりの個性や主体性を重んじ、押し付けや無理強いはしない。ただし、部下自身が納得して決めた意志・目標に対して、本人が手を抜いたり、途中で諦めてしまったりするような場合には、一歩踏み込む厳しい指導をも辞さない。

その場面では、部下と対立し、嫌われるかもしれない。しかし、後で部下が振り返り、厳しい指導があったが故に一皮むけて成長でき、自分らしいキャリアを築けたと思い返してもらえるなら、本人のためだ。これこそが本物の愛情であり、本物の上司といえる。

8 自分の方針と違う部下の意見にも共感することが必要？

1on1も広がり、上司には傾聴力が必須の時代

多くの企業が人材育成のために、上司と部下との1対1での面談である1on1ミーティング（以下、1on1）を取り入れている。私の会社が支援する企業や団体でも、ごく普通に1on1について話題になることが多く、その浸透ぶりがうかがえる。導入企業では、管理職の傾聴力や対話力を養うためのコーチング研修などを取り入れ、上司が部下一人ひとりと効果的な面談を行えるよう環境整備に努めている。

1on1の火付け役企業の一つとして知られるのが、本書第2部の企業インタビューでも紹介しているヤフーだ。同社の1on1導入の目的や、実施方針、具体的な進め方などについては『ヤフーの1on1　部下を成長させるコミュニケーションの技法』（本間浩輔著、ダイヤモンド社、2017年）が参考になる。

同書によると、ヤフーの１on１（当時）は、原則として週に1回、30分程度で行う。業務の進捗《しんちょく》報告や評価面談などではなく、人材育成を効果的に行うことが目的だ。あくまで部下のために行うものであって、上司の組織運営や業績向上のための報連相の場ではないと明言している。

面談のテーマは部下が決め、上司は部下の仕事の状況や考え方、仕事やキャリアの悩みを聴き、問題解決をサポートし、部下の目標達成と成長を支援するものだとする。したがって、30分の対話が終わったときに、部下が「話して良かった」と思えれば、まずは成功だともしている。

印象的なのは、１on１によって社員の「才能と情熱を解き放つ」という、同社のポリシーであり、思いのこもった言葉だ。部下がいろいろな仕事を経験し、上司や職場の仲間から観察をしてもらい、フィードバックを通じて経験を振り返りながら自分の職業観について考えることが大事だとしている。上司はサポート役に徹しながら、部下に内省を促すことが求められるのだ。

また、キャリアについて思考を深めてほしいときには「どんなキャリアを積みたいか」「やりたい仕事は何か」と聞くのではなく、「好きなこと・得意なこと・意義を感じること」を尋ねて答えてもらうという。何よりも、部下自身が情熱を傾けられる働き方を導き出すことを重視するためだろう。

ヤフーの実践例からも、1on 1を行う上司には部下の考えや思いをしっかり聴くスキルが求められることが分かる。上司には傾聴力が必須の時代なのだ。

マネジメントの非常識

上司の方針と違う部下にも共感すべき？

私の会社が開講する「上司力®研修」でも、部下との面談を想定した傾聴力を鍛えるためのプログラムを組み入れることがある。そこでよく出されるのが、次のような疑問だ。

「人事からも、耳が痛いほど傾聴が大事だと聞かされる。しかし、部下と面談をしていて、上司の自分とは明らかに方針が違ったり、とても正しいとは思えなかったりする部下の意見に対してまで共感するべきなのか？」

傾聴には受容と共感の姿勢が欠かせないと教えられ、上司の意見やアドバイスが先行してはならず、まずはじっくりと部下の意見に耳を傾けるようにとのこと。さらに共感せよとなると、部下の意見に違和感があっても指摘のしようもないし、指導や育成もできかねるというのだ。

それに加え、人事からは新たに施行された改正労働施策総合推進法（いわゆるパワハラ防止法）の観点で、部下を傷つけるような言動には重々気を付けろとくぎを刺される。確かに、部下の誤った意見や考えを正そうと、良かれと思って行ったアドバイスや指導をハラスメントだと訴えられてはたまったものではない。

そう考えると、1on1では下手な発言は慎み、相手の意見に当たり障りなくうなずき、穏便に済ませたくなる。しかし、それでは部下のマネジメントに責任は持てず、どうすればよいのか悩んでしまうというのだ。

マネジメントの新作法❶

共感と同感は異なる

こうした疑問や悩みに対し、頭が整理できるよう伝えているのは、「共感と同感は異なる」ということだ。具体的に説明しよう。

人間同士、何かと意見が異なるのは当然で、上司と部下も同じだ。ただ大切なのは、まずその違いを素直に認め、いきなり否定をせず、一度はそのままに受け入れるということだ。部下には部下の正義があり、必ずしも上司とすべて一致するとは限らない。だから「なるほど、あなたはそう考えるのだね」と応じればよいのだ。意図が理解しきれないようならば、さらに「もう少し詳しくあなたの考えを教えてくれるかな」と関心を示せばよい。

その上で、「ただ、私の意見はあなたの意見とは異なっているよ」ということは、伝えてよい。お互いの価値観やものの見方が異なれば、意見が分かれるのは当然。それでも、自分と異なる相手の考え方自体が理解できたなら、「なるほど」と認めればよいのだ。

これとは異なり、「私の意見も、あなたの意見と同じだ」というのが「同感」。相手の意見を単に理解できただけではなく、自分とも一致している。つまり、賛同するということだ。この「共感」と「同感」を混同してしまうから悩むことになり、無理が生じる。共感しただけなのに、同感したように自分の考えを無理に抑え込んだり、不自然に振る舞ったりすればストレスになり、結局相手にも混乱を及ぼす。

したがって、共感と同感を区別して理解し、自分の気持ちと考えを冷静に保って表現できることが大切だ。その備えがあれば、まずは相手の意見に素直に耳を傾ける傾聴も無理なくできるようになるはずだ。

同感 自分の意見と相手の意見が同じで、相手の意見や考えに賛同すること
↕
共感 相手の気持ちに寄り添って、相手の意見や考えを認めること

マネジメントの新作法❷

違いを認め、価値観を知り、部下を育て、組織に活かそう

以上のように、まず自分と部下との意見の違いを認めたなら、さらにその先に対話を続けることが必要だ。ここで気を付けたいのは、上司が自分の固定観念に基づき、部下に一方的に意見や考えを押し付けようとするアンコンシャス・バイアス（無意識の偏見）だ。

今後、ますます職場ではダイバーシティが進む。年齢、性別、国籍、雇用形態の違い、障害や疾病の有無、子育てや介護の有無など表層的な多様性。さらには、価値観、信条、興味・関心、文化、宗教観など深層的な多様性も広がっていく。このような多様な部下たちと向き合うことが必要になる。そこでは、上司自らが部下との経験や価値観の違いを認めながら、自らのアンコンシャス・バイアスを乗り越え、部下一人ひとりの個性や持ち味を育て活かしていく〝ダイバーシティマネジメント〟が求められる。

では、そのポイントと方法について、私の会社が提唱するコミュニケーション・サイクル理論（以下、CC理論）を用いて説明してみよう【図表3-3】。

部下との違いを認めた上で、次のステップとして必要なのは、違いの背景にある「相手の価値観を知る」ことだ。人の価値観は、表面的には分かりにくいことも多い。日々のコ

図表3-3 コミュニケーション・サイクル理論

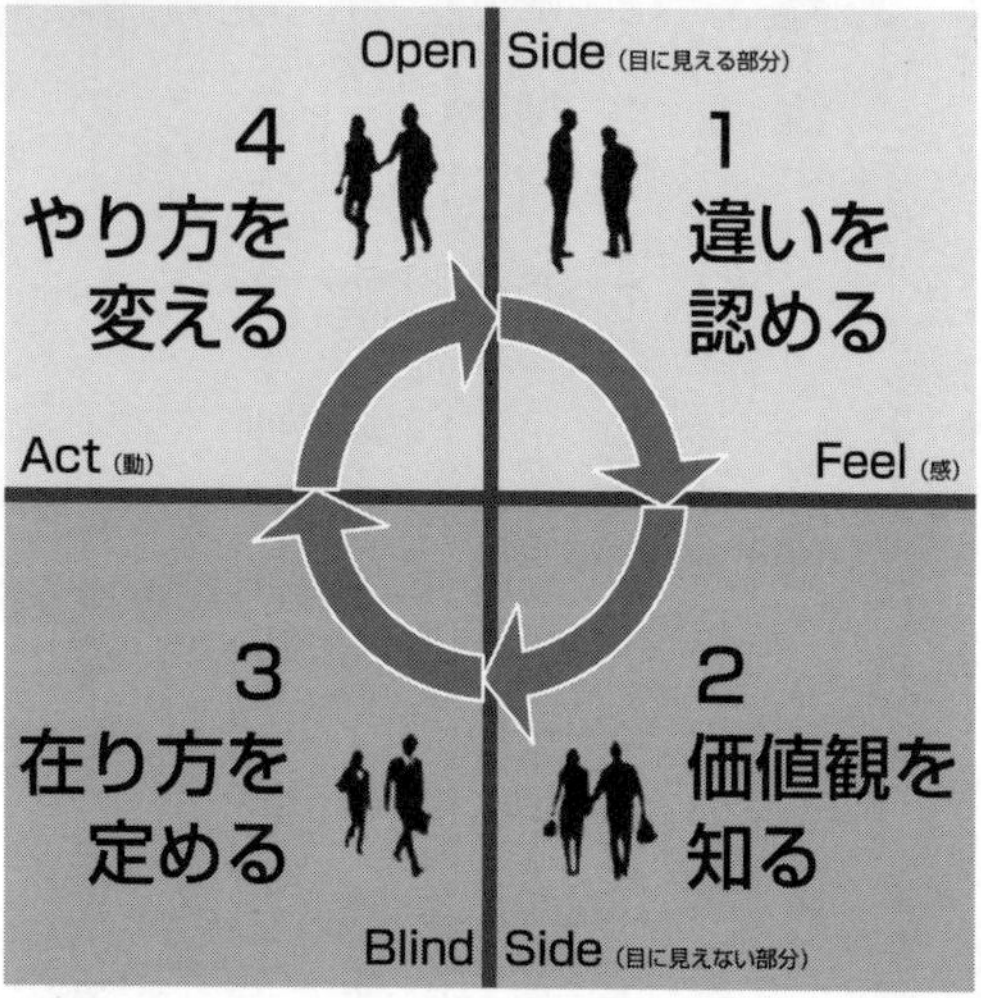

資料出所：筆者作成

ミュニケーションや行動スタイルの観察などを通して、相手の立場に立って考えながら理解していくことも大切だ。面談では、相手がなぜそのような意見を持っているのか、背景や率直な考えを丁寧に聴き取ろう。

相手の育ってきた時代背景や価値観が理解できたら、次には視線を自分自身の内側に向ける。相手と分かり合うために、自分の中でどのような意識改革が必要かを考え、自分の「在り方を定める」のだ。まず自分自身が深く内省するわけだが、キャリアを重ねている人ほどこれが難しい。しかし、自分の価値観から一歩も出ようとしなければ、相手との距離は決して縮まらない。相手に変わることを求めるのではなく、自分自身が変わること。これは相互理解のための非常に大切なステップだ。

そして、定めた「在り方」に基づいて、コミュニケーションの「やり方を変える」。行動が変われば相手にも伝わる。例えば、自分から元気に挨拶する、頭ごなしに怒るのをやめるなど、一つひとつはわずかなことでも意味がある。「在り方」が定まっていれば、日々の小さな「やり方」の変化もすべて一貫してくるはずだ。その積み重ねが、相手の自分に対する印象や態度を変えていき、双方の円滑で生産的な関係に結び付く。

若者に支持されるバンドSEKAI NO OWARIのヒット曲「Dragon Night」に「人はそれぞれ『正義』があって争い合うのは仕方ないのかも知れない　だけど僕の『正義』がきっと彼を傷付けていたんだね」という歌詞がある。まさにこうした思いやりが上司には求められるのだ。

CC理論は、アンコンシャス・バイアスの克服と自己変革を促すものだが、決して上司の意見や考えを抑え込むものではない。部下の意見の背景をよく理解すると、実はすれ違いの原因が上司の「在り方」自体ではなく、説明不足や工夫不足にあると気づくこともあろう。そうすれば、部下への適切な説明や支援につなげることができる。上司の的確で分かりやすいアドバイスなら、部下も納得し素直に意見を変えることになるかもしれない。

あるいは、部下の意見の背景や理由に納得することで上司自身が気づきを得て、共感が同感に変わるかもしれない。

こうした相互の健全なコミュニケーションを交わし合えれば、上司・部下の相互理解が進み、次第に信頼関係が構築され、互いに新しい発想も生まれるようになるだろう。マサチューセッツ工科大学組織学習センター共同創始者で「成功の循環」を唱えたダニエル・キム氏のいうチームとしての〝関係の質〟も高まり、ひいては仕事の生産性向上に結び付く可能性もある。

共感と同感の違いを理解し、適切なコミュニケーションを重ねることが、多様な部下を育て、組織に活かす土台にもつながるだろう。

9 任せてもできない部下は諦めるしかない？

雇用保蔵者は推計400万人以上、くすぶり人材増殖中

「50代のベテラン社員が、なかなか思うように動いてくれません」「私の部下にも〝働かないおじさん〟がいて、悩んでいます」——私の会社の研修を受講する企業の人事担当者や管理職からよく聞く悩みだ。以下に代表的な本音を紹介しよう。

・研修では、「上司はまず性善説に立ち、部下の可能性を信じ、活躍支援と育成に努めるべきだ」と習う。上司の心得としてはもっともだとは思いつつも、現実には難しい
・自分のチームの年上部下は、終業時刻になると任せた仕事が途中でも、そそくさと帰ってしまう。その結果、いつも残された周囲の若手メンバーにしわ寄せが行く。

上司の私がフォローに回らざるを得ないことも、しばしば。どうしていいものか、困っている…

訴えには切実なものがあり、年下上司が思い悩むのも無理はないところだ。

しかし、こうした実態は決して珍しいものではない。リクルートワークス研究所の推計によると、2025年には雇用保蔵者（会社に所属して給料はもらいながらも、ほとんど仕事らしい仕事をしていない社内失業者のこと）が415万人にも上り、全雇用者の8・2％に達するという。1995年には186万人で全雇用者の3・9％に過ぎなかったため、数も比率も大幅に悪化する見込みだ（「2025年　働くを再発明する時代がやってくる」2015年6月）。こうした、〝くすぶり人材〟ともいえる一定の層が、徐々に増殖し続けているのだ。

その多くが中高年人材であり、人件費も高止まりがちな世代だけに経営的にも重荷。それが労働者のおよそ10人に1人にもなるということだから、企業各社にとっても、社会全体にとっても看過できない事態だ。

マネジメントの非常識

2-6-2の法則で、できない部下は出てしまうもの？

こうした「仕事を任せてもできない部下」は諦めるしかないのだろうか。企業によっては、中高年人材に対する退職勧奨やアウトプレースメント（再就職支援）を進めるケースも少なくない。諦めの典型的なパターンの一つといえるだろう。

昔から、出世コースから外れて職場の隅に追いやられ「窓際族」とも揶揄《やゆ》された、仕事のできない人材。「2-6-2の法則」で説明される場合もある。どのような組織であっても成果創出の構成比は「上位層2割、中間層6割、下位層2割」に分かれるという。上位の2割は高い業績を上げる優れた人材で、組織をけん引する存在。中間の6割は平均的な人材で、そこそこの業績を出す層。そして、下位の2割は業績の低い人材で、とても活躍など期待できないというものだ。

「働きアリの法則」として説明される場合もある。2割はよく食料を集めてくる優れた働きもののアリ。6割は平凡な働き方のアリ。2割はサボってばかりの働かないアリ。これは、どのアリの集団でも同じ比率で生じる現象で、たとえ2割の働かないアリを取り除いても、再び「2-6-2」の割合に戻り、2割のアリがサボり始める――というもの。

たとえ優秀な人材だけを集めても、その中ですら2-6-2の法則が生まれてしまう。ならば、現在の組織で下位2割のできない人材を働かせようと躍起になっても、徒労に終わってしまう。1割程度の働かないおじさんの存在は致し方ないということになる。任せてもできない人材は諦めるしかないという常識が立派に成り立つわけだ。

しかし、私は自身のマネジメント経験から異なる意見を持っている。一見仕事ができないと思われるメンバーでも、当事者になれる働く場が用意されて、やる気を奮い立たせれば、期待される成果を十分に達成できる可能性があると確信している。

マネジメントの新作法❶

業績＝やる気×能力。モチベーションを最大化すれば底力が出る

私が前職時代に、新情報誌の立ち上げで現場リーダーに着任した時のことだ。ちょうど折あしく、社内でもう一つの人気情報誌の立ち上げと重なった。そちらは花形事業と目され社内から異動希望者が多かったが、こちらは社内公募で希望者を募っても振るわない。事業規模も小さく、他事業からエース人材を配置転換することもかなわなかった。

そこで困った幹部が他の事業部門に声を掛け、何とか人を出してくれるよう頼み、やっ

とのことで創刊メンバーをそろえたものの、各部署で期待されず、放出されたメンバーたちの寄り合い所帯という状態だった。すなわち、2-6-2の法則の下位2割が集まったチームでの事業スタートとなったのだ。

案の定、集まったメンバーには言動が荒い者や、遅刻ばかりする者が出るなど問題が頻発。メンバーたちも自身の人事評価を分かっており、「自分は前の部署から追い出された」と感じ、くすぶり気味だった。いわば落ちこぼれ集団ともいえる状態だ。

しかし、私自身は新情報誌の立ち上げに強い思いがあり、メンバーを集めてはビジョンを語り、一人ひとりから意見やアイデアを募るなど、一心に働き掛けた。立ち上げるのは「社会人向け学び情報誌」。本来、自ら進んで学ぶことはワクワクして楽しいもの。読者は学ぶことで、人生の可能性を広げ成長できる。良い情報誌づくりで読者に貢献できる働きがいある仕事だからみんなで取り組もうと、思いを伝え続けた。何より少人数のチームなので、全員に頑張ってもらわなければ創刊はままならないのだ。

そうするうちに、メンバーたちに徐々に当事者意識が芽生え、進んで仕事に励むようになっていった。その結果、見事創刊にこぎ着けたのだ。「自分たちにもこれだけの仕事ができるんだ」。お祝いの打ち上げで、メンバー全員で大いに盛り上がった時の、晴れ晴れとした表情が今も忘れられない。

図表3-4 やる気と能力の相乗関係

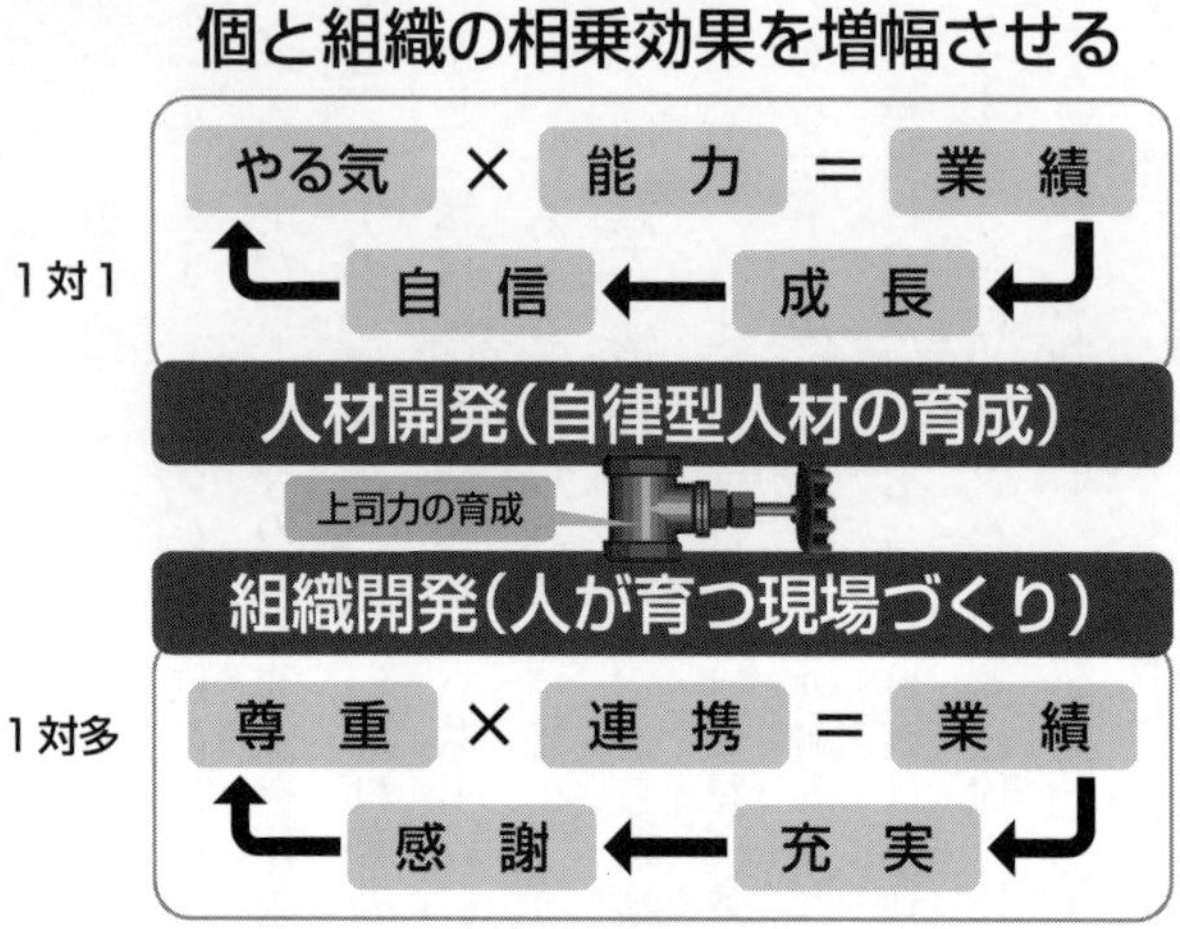

資料出所：N・R・Fマイヤーの理論を基に筆者作成

その時に痛感したのは、人には何にも増してやる気が大切だということ。やる気=動機づけの強さが、仕事の成果を大きく左右する。一つの仕事の目的や意義とともに到達したいビジョンをみんなで共有し、一丸となって「やろう」と思えた瞬間から一人ひとりが自分の力を出し切り、チームとしても大きな成果につながる。それまでは上司だけでなく、同僚からも期待されず、任せた仕事すらできないと疎まれていたメンバーだった。それが新たなポジションで活躍を期待され、「自分がやるしかない」とスイッチが入り、モチベーションを最大化することで底力を発揮した。その姿を目の当たりにしたのだ。

【図表3-4】は、アメリカの心理学者N・R・Fマイヤーが提唱した「やる気×能力＝業績」という方程式を基に、私が加筆したものだ。ここで着目すべきは、やる気と能力との相乗効果だ。いくら大きな能力があっても、やる気がなければ業績は上がらない。一方、能力は人並みでも、やる気が大きくなれば業績は上がっていく。

また、能力向上には時間もかかるが、やる気のスイッチはすぐにでも入れられる。メンバーや時間に制約があっても、モチベーションの高め方次第で、思ってもいなかった大きな業績も望める。そして、それが本人の成長と自信につながり、さらにやる気が高まる。このプラスの循環が回り始めれば、部下の活躍も軌道に乗り、スピードアップしていくのだ。

これは、チーム運営＝組織開発にも当てはめることができる。メンバーが互いに「尊重×連携」で相乗効果を発揮するほど、チームの業績は高まる。その結果、組織が充実し、感謝し合い、より尊重し合える関係が深まるという好循環につながるのだ。

マネジメントの新作法②

強みも弱みも持ち味への光の当て方次第。一人ひとりの開花を信じよう

また、［図表3-4］に示したように、人材開発と組織開発の両輪を回し、個人とチームの相乗効果を高めていけるか否かは上司次第だ。部下を育て、チームの業績向上を目指して責任を持って行動する力、私の主張する「上司力®」が求められる。メンバーの多様性が増す中で、上司力向上の不断の努力が欠かせないゆえんだ。その際に上司に必要となるのは、メンバー一人ひとりの志向や能力を見極め、適材適所を実現することだ。

人にはそれぞれ個性があり、誰にでも好き嫌いや強み・弱みがある。不得手なことや、どうしてもモチベーションが持てないことを延々とやらせても成果は上がらない。そこで本人の持ち味が強みに変わるような役割を担ってもらうことで能力を開花させ、チーム全体の力にしていくことが大切だ。本書第2部で紹介するローランズへのインタビューでは、この範となるノウハウが具体的に語られている。ぜひヒントにしてほしい。

世界最大級の家電量販店ベスト・バイの元会長兼CEOだったユベール・ジョリーは、著書『ハート・オブ・ビジネス』（英治出版、2022年）で、「ヒューマン・マジック」

という概念を強調している。これは、社内の一人ひとりに火がつき、全員が力を合わせて想像以上の成果を上げることを指している。

Aさんが得意なことはAさんに任せ、Bさんが得意なことはBさんに任せる。また、それぞれの弱みはお互いに補い合う。こうして一人ひとりには得手不得手があっても、チーム全体として良き仕事を成り立たせるのは工夫次第だ。

私は、一人ひとりを見極める際に、その人の持ち味に対する光の当て方で、一つの個性が強みにも弱みにも映ると考えている。それは、2-6-2の法則で下位の2割に当たる人材と思われてきた人でも同様だ。その人の持ち味が強みになるよう光を当て、最大限に活かせる役割を担ってもらい、やる気に火を付けられれば、一人ひとりが期待した成果を出してくれるもの。メンバー同士が共に支え合いながら、力を発揮し合える環境が整えられれば、全員がさらに成長し、一回り大きな活躍も可能になる。

10 報連相は、上司に言われる前に部下からしてくるもの？

バッドニュース・ファースト。組織人の義務としての報連相

報連相（報告・連絡・相談）は、ビジネスパーソンがまず身に付けるべき基本中の基本。現在、40代以上の人は、入社時にそう教育され、励行してきたことだろう。

社員一人ひとりが任された仕事は自分一人のものではなく、会社の看板を背負ったもの。仕事の最終責任は上司や組織が負わなければならない。だから、報連相は〝心掛けるもの〟ではなく、組織人としての〝義務〟なのである。特に顧客や取引先とのミスやトラブル、クレームなどはバッドニュース・ファースト（ファースト）。悪い知らせほど最優先で、迅速に上司に報告・相談し、早期対応が欠かせないということ）だと厳しくたたき込まれ、常に意識してきたのではないだろうか。

しかし、その一方、私の会社が開講する「上司力®研修」を受講する管理職の多くから

寄せられるのは、「部下から必要な報連相がない」または「報連相が遅い」といった嘆きの声だ。新入社員研修で、組織人に求められる基本ルールとして、また職場に必須のコミュニケーションスキルの一環として、必ず教えられるのが報連相なのにもかかわらず、上司を悩ませる課題として常に挙げられるのはなぜなのか。どうすれば解決できるのだろうか。

マネジメントの非常識

報告や相談がない・遅れるは、部下の怠慢？

組織を預かる上司からすれば、報連相が組織人の務めであることは明らかだ。したがって、必要な報連相をしないことや遅れることは、部下の怠慢にほかならないと上司は認識している。「上司から言われる前に、部下から率先して行うべき」という意見は、確かに正論に思える。しかし、部下の側から聞こえてくる声に耳を澄ますと、異なる正論が浮かび上がってくる。

まず、部下からすれば、どの程度のことを報告・相談すべきか判断に迷う場合があることだ。責任感の強い部下ほど「この程度のことで上司に相談しては迷惑だろうし、切りがない。常々言われている主体性や当事者意識も疑われてしまう。まずは自力で解決する努力をしなければ」と考えがちだ。

また、以前に報告や相談をした際に、上司の反応や態度が悪かったため、それ以降は控えがちとの声も聞く。例えば、上司がパソコンの画面を見ながら、キーボードを打つ手も止めず、「ながら」で受け流したこと。思い切ってした報告や相談を、素っ気ない態度で上司があまり重視してくれなかったこと。上司やチーム内にミスやトラブルを起こした人を糾弾する雰囲気があり、バッドニュースの報告ほどためらってしまうなど、さまざまな背景が考えられる。

上司が、いつも忙しそうで話し掛けにくく、報告や相談がしにくいとの声も多い。コロナ禍以降、リモートワークも増えてきたため、上司の状況が把握しづらいのでなおさらだ。上司からは「必要な報連相はいつでもするように」と言われはするものの、多忙な上司に声を掛けるのは、経験が浅い若手社員や異動してきたばかりの部下にとっては、思いのほか勇気がいることだ。

日常における上司の無意識の態度や言動が、組織の文化になっていくものだ。そうした対応が積み重なって、部下の報連相をする姿勢を後ろ向きにさせている面もあるのではないだろうか。

報連相が不十分なのは、部下に責任があると決めつけるだけでは解決しない。「報連相はまずは部下から」との固定観念をいったん脇に置き、上司としての在り方を見直す必要がある。

マネジメントの新作法❶

報連相は業務完遂のためだけではない。組織活性化のためにこそ活用しよう

報連相を組織人の義務とする考え方の底流には、報連相は業務完遂のためという捉え方がある。一面としては大切な要素だが、それだけでは狭過ぎるのではないだろうか。定義を広げて、報連相を上司と部下とのコミュニケーションの絶好の機会であり、マネジメントの有効なツールだと捉えてみてはいかがだろう。活用次第で相互理解を深め、信頼関係を築き、仕事の質を高め、組織内の協力を促す役割を果たす仕掛けと考えるのだ。変化が激しく正解のないVUCA(変動性、不確実性、複雑性、曖昧性を表す英単語の頭文字を取った言葉)の時代において改革やイノベーションが求められている中では、メンバーの創造力を高め、活かすためにも、報連相を活用することが重要だ。

それには、第一に、部下が報連相に後ろ向きになりがちな要因について、上司自らが改善を図る必要がある。あらためて報連相の意義を部下に伝えるとともに、日頃から報連相

を歓迎し、部下の意欲を高めることだ。

上司としては、部下からの報告や相談は、仕事の手を休めてしっかりと聴き取りたい。多忙なさなかなら、上司から時間を再指定すればよい。些細《ささい》な内容や部下の悩みや迷いに対しても真摯《しんし》に相談に応じる。前向きな報連相には感謝や称賛の意を表す。上司からも、こまめに報連相を投げ掛ける。こうした取り組みを通じて、報連相がしやすい風通しのよい職場がつくられていく。チームワークも向上し、心理的安全性も確保しやすくなるだろう。

第二に、日常的な取り組みとともに、定期的な報連相の場をつくることも有効だ。週に1度、少なくとも隔週などで、部下との定例ミーティングを設定し、確実に報連相の機会を確保することだ。これは多忙な上司ほど必須の対応となる。また、新入社員や異動直後の部下などに対しては、暗黙知になりがちな組織内の報連相の仕組みを、形式知にして説明することが求められる。連絡ノートやメールによる日報や週報の授受など、組織内の報連相ルールを明確化しておくことが大切だ【図表3-5】。

図表3-5　報連相を活性化するためには

部下	①仕事が完了したときの報告、ミスやトラブルがあったときの連絡・相談は必須であることを徹底する ②報告ルール・手順を確認する ③組織内で報連相を共有する ④定期的な報連相の場（機会）を活用する
上司	①上司からこまめに報連相を投げ掛ける ②話を遮らない。質問攻めにしない ③きちんと最後まで話を聞く ④悪い報告にも不機嫌な態度や感情的な言動は慎む ⑤前向きな報連相には、感謝や称賛の意を表す ⑥真摯に相談に応じる

マネジメントの新作法❷

部下の働きがい喚起・育成に報連相を活用しよう

さらに、報連相を積極的に位置づけ、部下の働きがいを喚起し、人材育成と活躍支援のための有効なツールでもあると捉えたい。拙著『結果を出す人の「報・連・相」』（日本能率協会マネジメントセンター、2013年）では、報連相を「周りから承認され、働きがいをつくる武器」と定義した。

例えば、部下からのミスやトラブルなどの報告や相談を単なる応急処置にとどまらせず、いかに今後の育成につなげるかは上司の腕次第だ。部下自身にトラブルの原因究明と分析、再発防止策の検討と実行、振り返りと対応策の改善という一連の流れを経験させ、意識の醸成を促したい。日々流れていく仕事を素材にして、PDCAを自ら回すことができる自律型人材に育成していく絶好の機会にするわけだ。

また、部下の今期の目標に対する遂行状況について、節目ごとに報告を促し、前向きな支援につなげていくことも有効である。まず、部下から自身の仕事の結果についてプラスとマイナス両面の自己評価を報告させる。成果についてはプロセスも含め承認し、さらに強みを伸ばすよう励ます。残された課題については原因分析と改善に向けたアイデアの検討を促し、自ら考え出したアクションを次期目標に掲げさせる。こうした自発的で創造的な仕事経験を積ませることで、部下一人ひとりが着実に成長していく。

報告時の課題設定と解決策については、つい上司が部下に対して指示命令しがちだが、極力控えることが肝要である。できるだけ部下自身に考えさせ、意見や提案を引き出すことだ。部下自身が納得して決めた目標に向かって邁進《まいしん》できるよう、内発的に動機づけることがポイントになる。

上司がアドバイスすべきは、部下が常に組織の理念やミッション、任されている仕事の目的に立ち返る視点を提供することである。どのように創意工夫をすれば、より顧客や社会への貢献につながるのかに意識を向けさせる。その結果、部下が仕事の意義を理解し、成果（お役立ち）を顧客からの感謝（ありがとう）として受け取る。さらに上司や同僚から承認や称賛を受け、自分の成長を強く実感できるようになる。こうして部下の働きがいを育むことも、報連相を活用することで可能となるのだ。

11 部下同士で休職者のフォローをするのは当たり前？

増える育児・介護休業、メンタル不調や体調不良などの休職者

職場のダイバーシティが進み、ワーク・ライフ・バランスが重視される中で、国の施策としても企業の取り組みとしても、さまざまな働き方改革が進んでいる。その一環として、働く人個々の事情やライフイベントに応じた休暇・休業の仕組み（以下、単に休職と総称）などもかなり整備されてきた。

実際に、育児や介護と仕事を両立させながら働く人や、心身の疾病や障害を抱えた人が、

柔軟に休みを取得するケースも増えている。働く人がさまざまな制約の中でも安心して働き続けられる職場環境の整備はたいへん好ましいことだ。

一方で、部下が休職して減員状態にありながら職場運営を任される管理職にとっては、マネジメントの難易度が格段に上がっているのが実情だ。実際に、私の会社が支援する企業の管理職からは、次のような悩みを打ち明けられることが増えている。

> 業界や企業を取り巻く環境変化は激しく、会社の経営も厳しさを増すばかり。よって上層部からは、業績目標達成を厳しく追及される。その一方で、部下のワーク・ライフ・バランスに配慮し、残業規制や休暇・休業の取得促進にも留意せよと指示される。法令順守や社員への配慮は必須とはいえ、人員の減ったチームで残された仕事をいったい誰が担うのか。自分もプレイングマネジャーで余裕がない。現実はとても厳しい。

この状況に何とか対処しようと、休職者の仕事を他の部下に割り振ることもあるだろう。その際に悩ましいのが、社員間の不公平感から来る不平不満の声だという。育児や介護、疾病治療など、やむを得ない事情の社員が必要なときに休職することは、もはや既定路線。だが、残された部下（同僚）たちの仕事の負荷が増し、役割分担にゆがみが生じている。休職する社員の仕事を割り振られ業務過重に陥った部下からすれば、なぜ自分ばかり仕事が増えるのかと不満が鬱積《うっせき》し、陰に陽に噴出することも珍しくない。育児休業を取得した社員の同僚に手当を出す企業すら出てきている。

マネジメントの非常識

困ったときはお互いさま。部下同士でフォローさせる？

では、こうした難局に対して、上司はどのようなマネジメントを行うべきか。良識的な上司が部下たちに語りがちなのは、「困ったときはお互いさま。互いにフォローし合うのが職場の仲間同士じゃないのか」という言葉だ。これは一見、チームワークを大切にする〝良き職場の常識〟のように思える。

しかし、休職しないまでも、残された部下たちもそれぞれ大小さまざまな事情がある。育児や介護と仕事を両立させている家庭は、日頃から十分忙しい。障害や疾病のある家族を抱えた家庭も同様だ。また、今後増えるであろう副業や兼業をするケースでは、職場以外での仕事時間のやりくりも切実だ。部下たちが健康維持や自己啓発、リスキリングなどに励む時間も、今や軽視できない。そうしてみれば、個々に事情を抱える残された部下に休職者の仕事を〝お互いにフォローするのは当たり前〟という総論のみの説明で割り振るのは、安直過ぎるのではないだろうか。

また、休職する社員にとっても、「お互いさま」の掛け声だけでは不十分だ。近年注目されている男性の育児休業を例に見てみよう。

育児・介護休業法の改正によって、２０２２年10月１日から産後パパ育休（出生時育児休業）が取得できるようになった。男性に対して従来の育児休業とは別に、出生後８週間以内に４週間までの休業を与えるもので、２回に分けて取得できるなど柔軟な運用が特徴。今後の活用促進が期待される制度の一つだ。

しかし、既に育児休業制度が整備された職場でも、男性が取得を希望するものの結果的に断念したケースは多い。調査報告からその理由（複数回答）を見ると、「業務が繁忙で職場の人手が不足していた」（38・５％）、「職場が育児休業を取得しづらい雰囲気だった」（33・７％）、「自分にしかできない仕事や担当している仕事があった」（22・１％）、「収入を減らしたくなかった」（16・０％）などが挙げられている（三菱ＵＦＪリサーチ＆コンサルティング「平成29年度　仕事と育児の両立に関する実態把握のための調査研究事業報告書」２０１８年）。取得に踏み出せなかった主な理由は、目前の仕事の調整がなされず、周囲にも取得しづらい雰囲気があったことだ。会社として人事制度を充実させている中で、職場単位で「互いにフォローし合おう」との声掛けだけでは、必要な休みすら遠慮せざるを得ないのだ。

マネジメントの新作法❶

仕事の精査と優先順位づけを行う

では、上司はいかに対処すべきか。結論から言うと、部下同士のお互いさまの察し合いに委ねるのではなく、最初から休職者のフォロー業務も他の部下の役割として明確に定義することだ。また、チーム全体としてオーバーフローを起こさず、かつフォロー業務を担う部下の動機づけも丁寧に行いたい。

具体的に、休職希望者が出た際にまず取り組みたいのが、休みに入る部下の仕事の棚卸しと優先順位づけを行い、一つひとつの仕事について望ましい対応を明らかにすることだ。【図表4-1】は、効果的なタイムマネジメントを目指し、チームが顧客と社会に提供する価値を重視しつつ、チーム内の仕事を効率化するために仕事の取捨選択を行う際に用いるために私が考案したマップだ。

縦軸は、その仕事が顧客や社会に対し提供する価値の高低。横軸は、社内の慣習やルールによる制約の大小。その組み合わせで、仕事を4象限に分類する。

図表 4-1　チーム内の仕事の取捨選択

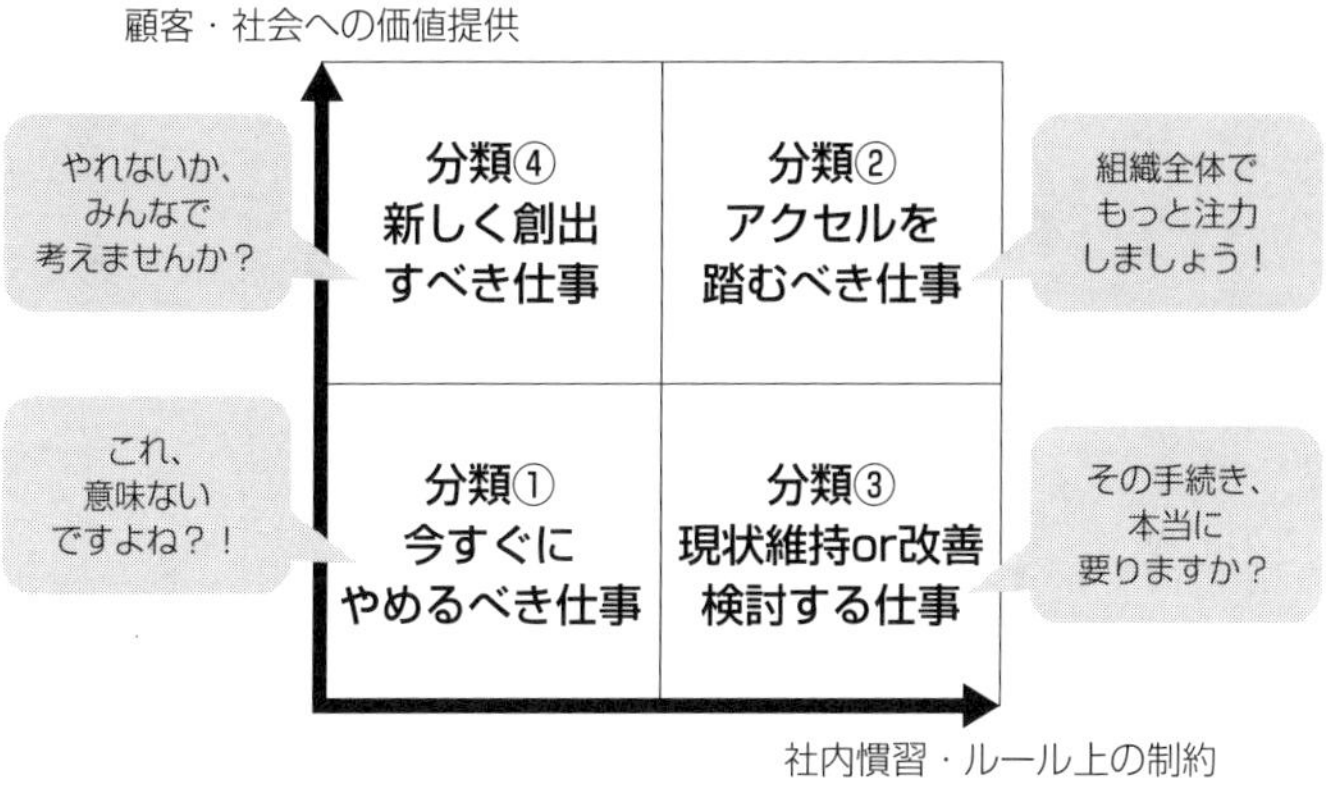

資料出所：筆者作成

分類①は社外的にも社内的にも必要性が小さく、すぐにやめて構わない仕事。分類②は社内外で必要とされていることから、さらにアクセルを踏むべき仕事。分類③は社外的な必要性は小さいが社内的には継続しており、本当に必要か否かあらためて精査すべき仕事。分類④は社会的に求められながらも社内にはなく、みんなで知恵を出し合い新たに創出すべき仕事だ。

【図表4-1】は仕事の見直しのために、いつでも活用できるが、休職する部下の仕事を精査する際にも応用できる。上司は、まず休職予定の部下本人とも相談しながら、このマップを用いて仕事の取捨選択と優先順位づけをすることが有効だ。

分類①はチーム内での合意で、すぐに廃止

できる。これに対し、分類③をやめるには社内のコンセンサスも必要であり、上層部と相談や調整を行うことが上司の仕事になる。積極的に進めるべき分類②や、新たに創出したい分類④については、その進め方を休職する本人ともよく相談しよう。

本人が休職制度を有効活用しつつも、継続して担える役割は残すことも検討したい。前述した産後パパ育休（出生時育児休業）も、労使協定や合意を前提に休業中でも一定範囲で就業が可能になるなど柔軟な使い方ができる。在宅勤務やリモートワークが一般化した今、マネジメント業務や企画・調整業務など、部分休職と組み合わせながら継続可能な仕事も少なくない。本人の状態や希望と折り合うならトライしてもらうことも一案だ。また、仕事の内容や本人のキャリア希望に応じて、休職明けに本人が担う仕事も明確にしよう。

こうした検討を経た上で、チームに残すべき仕事を精査することになる。

マネジメントの新作法❷

チーム内でフォローする仕事の意味づけと動機づけを明確に

以上の手順で、いよいよチーム内で割り振るべき仕事が明らかになった。次に、上司は該当する部下に休職者の仕事のフォローを依頼することになる。

そこで大切なのは、依頼する部下に任せる仕事への動機づけをしっかりと行うことだ。

フォロー役の部下と共有し、動機づけすべきことは二つある。一つは、チームの目的への動機づけであり、もう一つは、部下本人の目的への動機づけだ。

まず、チームの目的への動機づけについて見てみよう。先ほどの【図表4-1】によって、〝チームとして今こそ前向きに取り組むべき仕事〟は既に精査済みだ。それは、組織やチームにとって、さらにアクセルを踏むべき仕事（分類②）、あるいは新たに創出することが求められる仕事（分類④）である。単に休職者が出たために残ってしまっただけの、後ろ向きな仕事ではない。

そこで上司は、あらためてその仕事の顧客・社会への価値を言語化し、この意味づけを部下と共有することだ。フォロー役の部下としては、組織やチームにとって大切な仕事だと再認識することで、自分だから任されたと感じ、前向きに取り組むことができる。

もう一つは、部下本人の目的への動機づけだ。新たに部下に任せる仕事が、本人の成長やキャリア形成にとってどのような意味を持つものか。上司は部下のキャリアビジョンや成長の可能性と照らし合わせて、しっかりと動機づけを行いたい。

そのためには、上司には、日頃から部下一人ひとりの仕事への思いや、持ち味、将来のキャリア希望などを把握しておくことが求められる。新たに担う仕事が、部下にとって関心の高いものであれば好都合である。これまでに経験のない未知の仕事であっても、部下の持ち味を活かし、経験の幅を広げ、今後のキャリアアップにもプラスになる面が必ずあるだろう。その可能性と期待を伝え、部下本人も納得をした上で仕事を任せることだ。

部下が新たな仕事をチームの目的と自分の目的に合致した意味あるものと捉えられるようになれば、自らの働きがいにもつながるはずである。

12 育児や介護など制約がある部下の仕事の負荷は下げるべき？

残業規制、休暇・休業取得促進等で進む労働時間の減少

国を挙げての働き方改革の推進、何より企業の労働環境改善の努力により、残業規制や休暇・休業の取得が進み、近年、長時間労働は着実に減少傾向にある。

【図表4-2】は、総務省「労働力調査」の結果を基にリクルートワークス研究所が整理したグラフだ。この約20年間で、週60時間以上の長時間労働の就業者は2000年の13・0％から2021年の5・5％へと大幅に低下している。また、年間就業時間で見ると、2013年の1963時間から2021年の1817時間と146時間も減少している。

また、【図表4-3】は年次有給休暇の取得率の推移を約35年間追ったもの。1988年の50・0％からバブル経済期の1993年まで一度上昇するも、2005年には46・6％へと再度低迷。しかし、近年は大きく上向き、2022年では58・3％と、1984年以

図表4-2 長時間労働・年間就業時間の推移

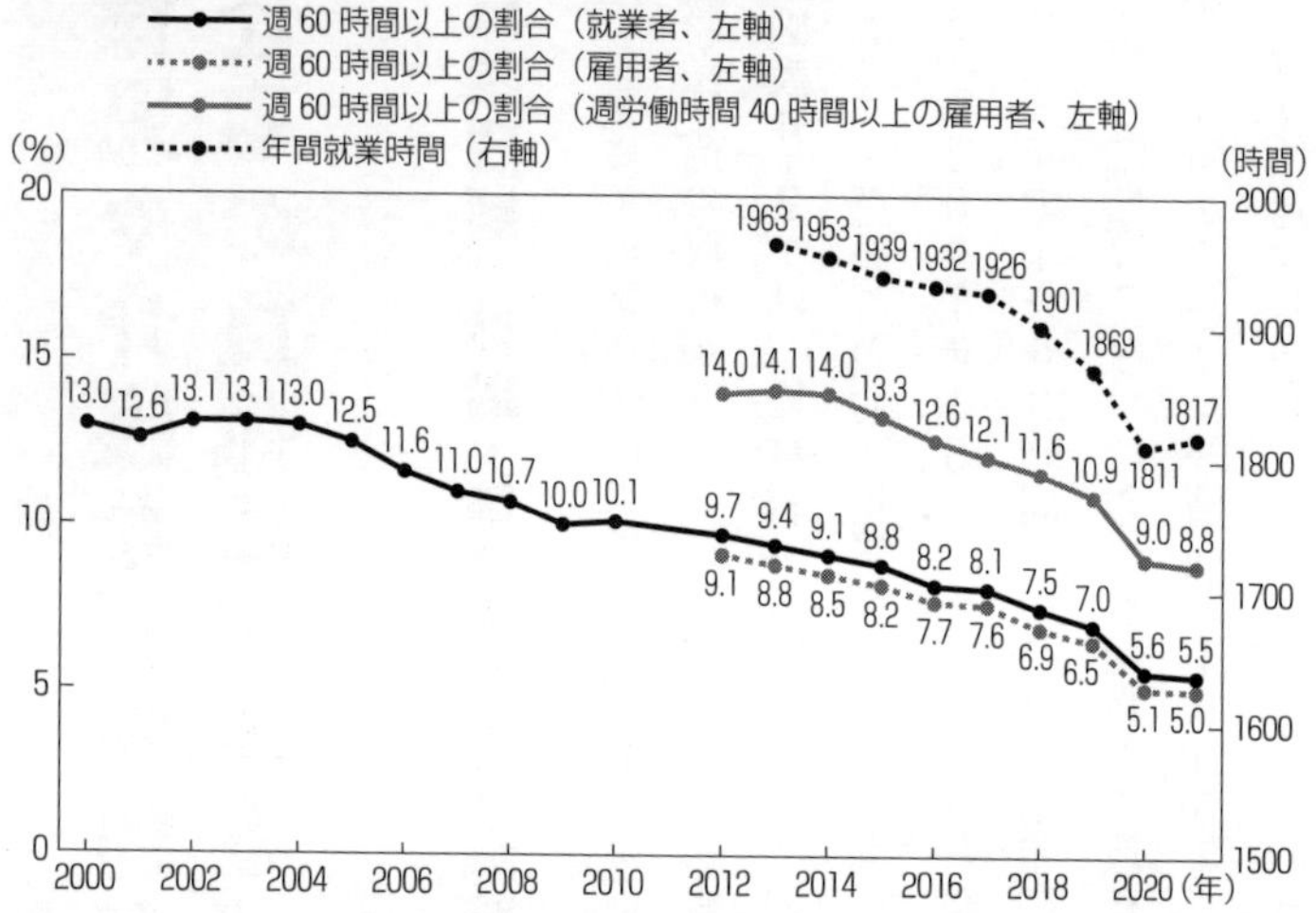

資料出所：リクルートワークス研究所「定点観測 日本の働き方（週労働時間60時間以上の者の割合）」（2022年12月13日）

［注］ 1．2011年は東日本大震災のため調査未実施。
2．政府目標は2020年に5％以下。

降で過去最高となっている。

さらに、【図表4－4】は育児休業（以下、育休）取得率の推移を見たものだ。2022年10月に拡充された男性育休の取得促進が注視されているが、女性の育休取得率は2009年以降8割台で定着している。2023年3月17日、進む少子化に危機感を募らせた岸田文雄首相が、産後の一定期間に男女で育休を取得した場合の給付率を〝手取り10割〟に引き上げると表明するなど、今後も男女共にさらなる取得率向上が期待される。

長時間労働の是正、年次有給休暇の取得促進、そして育児・介護

図表4-3 労働者1人平均年次有給休暇取得率の年次推移

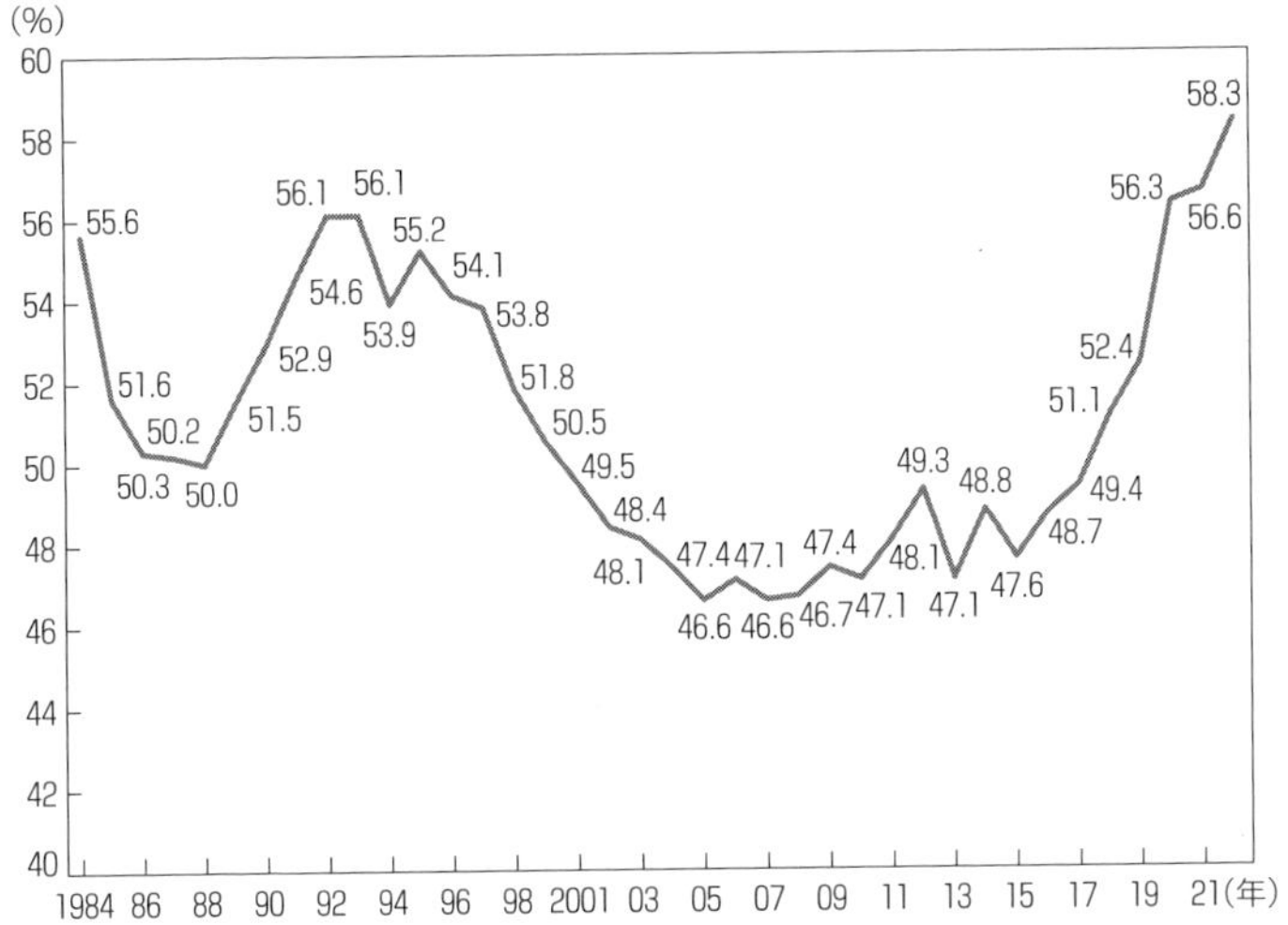

資料出所：厚生労働省「就労条件総合調査」（1999年以前は「賃金労働時間制度等総合調査」による）

［注］ 1．「取得率」は、（取得日数計／付与日数計）×100（%）。
2．1999年以前は、12月末現在の状況を「賃金労働時間制度等総合調査」として取りまとめたもの。
3．2007年以前は、調査対象を「本社の常用労働者が30人以上の会社組織の民営企業」としており、2008年から「常用労働者が30人以上の会社組織の民営企業」に範囲を拡大した。
4．2014年以前は、調査対象を「常用労働者が30人以上の会社組織の民営企業」としており、また、「複合サービス事業」を含まなかったが、2015年より「常用労働者が30人以上の民営法人」とし、さらに「複合サービス事業」を含めることとした。

図表 4-4　育児休業取得率の推移

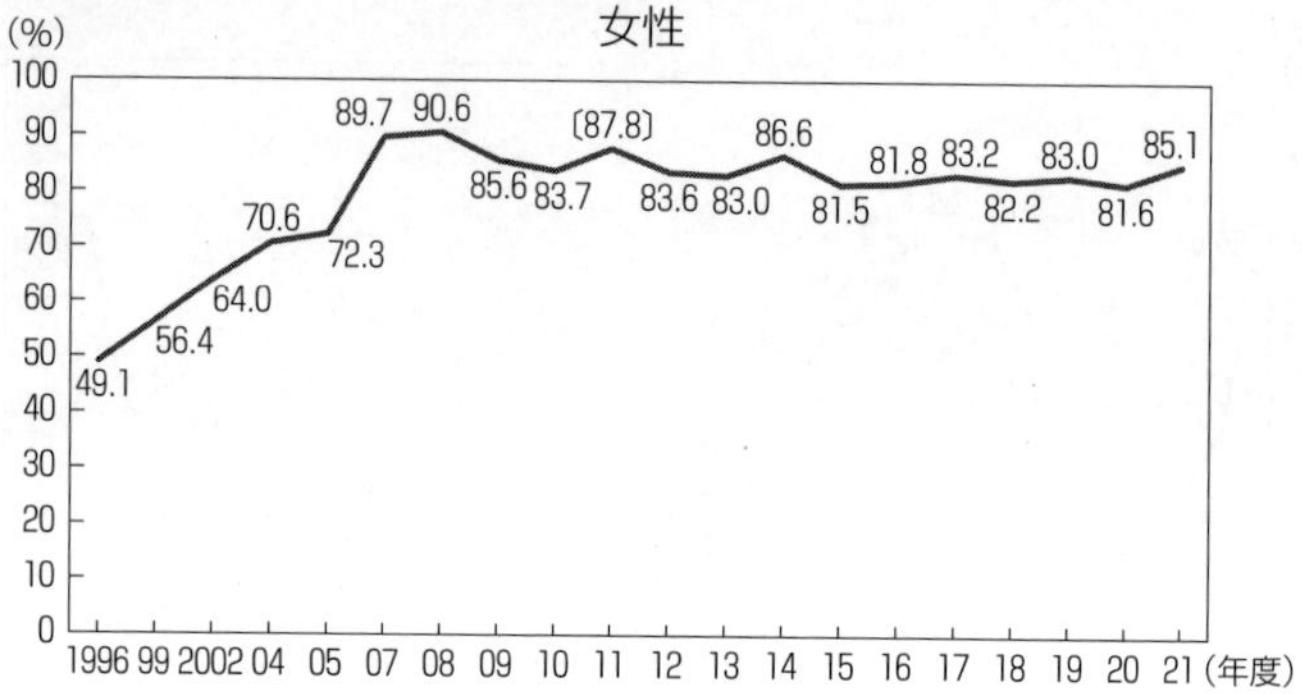

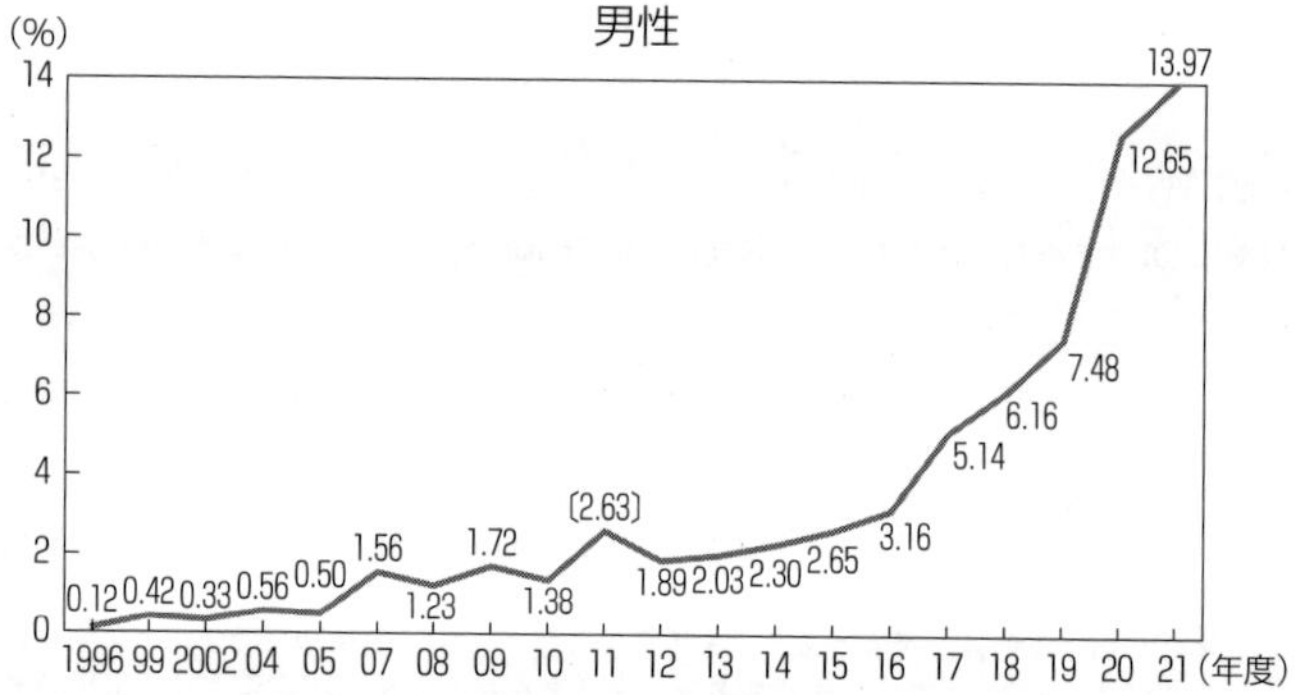

資料出所：厚生労働省「雇用均等基本調査」

［注］　1．2012年度調査においては、2010年10月１日から2011年９月30日までの１年間。
　　　　2．2011年度の〔　〕内の比率は、岩手県、宮城県および福島県を除く全国の結果。

等に関わる休暇・休業制度の運用改善と、社員のワーク・ライフ・バランス尊重と労働時間の軽減は、着実に進んでいる。

マネジメントの非常識

制度を上限まで活用して仕事の負荷を下げるべき?

こうした動向を踏まえ、上司には育児や介護などの制約を抱えた部下に対してより一層の配慮が求められる。では、どのように対処すべきか。

私の会社がこのテーマを企業研修などで取り上げる際に提示するケーススタディーを以下に紹介する。自らが育児を抱える部下の上司になったつもりで考えてほしい。

●仕事の負荷を下げてほしいと申し出てきたAさん

【上司】育休明けの勤務について相談があるそうだけれど、どんなことかな?

【Aさん】実は…申し訳ありませんが、仕事の負荷を下げていただけないかと思いまして。

【上司】えっ! そうなの…。やはりこれまでどおりの仕事ではきついのかな。

【Aさん】はい。保育所の送迎もあり、残業もできません。子どもの具合が悪ければ、遅刻・早退やお休みをいただくことにもなります。夫は育児に協力的ですが、忙しい職場なので多くを頼れず、自信がありませんので。

【上司】確かにお子さんが小さいうちは、何かと大変だからね…。

【Aさん】そこで、短時間勤務にしていただき、在宅勤務も利用の上限日数までお願いしたいのですが…。職場の皆さんにご迷惑をかけずに済む範囲の仕事にしていただきたいと思いまして…。

【上司】そうかぁ。これまでリーダー役で頑張ってくれていたのにね…。

【Aさん】はい。とても残念ですが、どうぞよろしくお願いいたします。

育休明けの女性部下から上司への相談事例だ。部下は、育児に時間が取られることから短時間勤務や在宅勤務を希望すると同時に、仕事の負荷を下げてほしいという。

育児と仕事の両立支援策が拡充されてきたとはいえ、子育てをしながら従来と同じ業務量をこなすのは並大抵のことではない。時間当たりの仕事の密度や生産性向上がよりシビアに求められる側面もあるだろう。女性部下の申し出は切実なものと考えられる。あなたがこのケースの上司なら、どのように応じるだろうか。

部下思いの上司としては「Aさんの申し出はもっともだ。特に女性のライフステージ上では、仕事より育児や家庭が優先の時だろう」と考え、「よし、分かった！ Aさんの希望どおりに人事部と調整して、短時間勤務と在宅勤務の手続きを進めよう。また、仕事も負荷が高いリーダー役から負荷の少ない仕事に改めよう！」と快く応じるかもしれない。現状の制約状況に配慮し、制度の範囲内で育児と仕事の両立のために仕事の負荷を極力下げるべきだと考えるだろう。

しかし、こうしたマネジメントは、本当に部下本人のためになるだろうか。古いマネジメントにありがちな、アンコンシャス・バイアス（無意識の偏見）ではないか。そう疑ってみる必要がある。

マネジメントの新作法❶

部下の本音を聞き、真の両立支援への道を共に考える

このケースの場合、上司は女性部下の表面的な申し出をそのままうのみにせず、まず部下の本音や背景をよく聴くように努めることだ。

育児と仕事の両立が大変なことは事実だ。キャリア意識が高い女性ほど、現在の日本企業の働き方自体に不安を感じている場合が多い。最近は働き方改革で過重労働は是正されつつあるものの、現場ではまだまだ急な会議やトラブル対応が生じ、残業や出張なども発

生することがあるだろう。また、中堅社員やリーダーともなれば、後輩やチームメンバーの面倒を見る中で自分ではコントロールできない突発的な事案も生じてくる。

一方の育児では、子どもの急な病気や看護など不測の事態が起こり、自分ではコントロールできない事情で仕事に遅刻したり、早退や休まざるを得ないことが頻発したりする。そこで、職場や同僚に迷惑をかけてはいけないという責任感と共に遠慮もあって、重要な仕事を拒み、勤務時間の短縮や業務量の軽減を申し出ている可能性があるのかもしれない。

つまり、短時間勤務や仕事の負荷軽減への申し出は苦渋の選択であり、制約がある働き方をする自身が少数派である職場では、責任を果たせる自信が持てないからではないか。育児期に仕事への意欲やキャリアへの希望を表すことを躊躇《ちゅうちょ》しているのではないかと、本人に寄り添って考えてみることが必要だ。何より上司は、育児と仕事の両立を希望する女性社員はみな育児優先の価値観を持っていると決めつけてはいけない。実は育児と仕事の両方を頑張りたいと願いながらも、職場の状況を慮《おもんぱか》って自信が持てずにいる部下がいるかもしれないことを理解する必要があるのだ。

とはいえ、本人に意欲がある場合でも、従来の働き方をそのまま続けることには無理がある。子育て中の社員は短時間勤務になっても、退社後の生活の負担は大変なものだ。退社後も親の事情など関係なく分刻みで対応しなければならない育児が待っている。前記の

Aさんの場合、夫は協力的とはいえ多忙な職場とのこと。男性育休の取得も奨励され始めたが、現実の壁はまだ高い。

そこで、上司は「長時間で責任の重い仕事」か「短時間で責任の軽い仕事か」という二者択一の発想から脱し、「短時間で責任の重い仕事」という第三の選択肢を考えるのだ。

上司は、部下と一緒に仕事の棚卸しと進め方の見直しを行い、育児や夫の協力など家庭の状況等もよく聴き、真の両立支援への道、つまり、キャリアアップできる役割と働き方を共に考える伴走者となることが求められる。

マネジメントの新作法❷

制約があってもキャリアアップできる仕事を任せよう

では、上司は、具体的にどのように部下と対話し、支援に臨むべきか。

まずは部下と共に本人の仕事の精査と見直しを図ることだ。この点は、**第4章⑪**の**【図表4-1】**を用いた説明を再度参照してほしい。部下の仕事を、やめてもよいもの、改善すべきもの、他者と分担できるもの、本人がさらに深め伸ばしたいものに仕分けていく。

その上で、短時間勤務や在宅勤務でも十分に本人の力を発揮でき、チームに貢献できる仕事を取捨選択していく。ITツールを使えば、在宅勤務でもリアルタイムでのやりとりやオンラインでの会議参加など可能になるものも多いはずだ。仕事の段取りと職場での情報共有さえしっかりしておけば、思いのほか滞りなく進めることができるものである。

　ポイントは、短時間勤務や在宅勤務によって、仕事をレベルダウンさせることなく、さらにキャリアアップできる仕事を任せることだ。そもそも時間と仕事の成果はイコールではないことを念頭に置きたい。例えば、これまでの実績を踏まえて、同僚を束ねるリーダー役を任せることも十分考えられる。リーダーは、常に会社にいてリアルタイムで後輩を指導すべきと考えがちだ。しかし、そもそもリーダー業務を担うとは、自分で手を動かすプレーヤー業務から人を動かす仕事、いわばマネジメント業務へと変わることとも捉え得る。工夫次第で、遠隔でも十分可能なはずだ。要所要所でメンバーと相談し、フォローをしっかり行っておけば、常時対面で顔を合わせなくてもこなすことができる。

　こうした新しいチーム運営が実現すれば、育児と仕事を両立する社員の活躍のみならず、リモートワークを取り入れた働き方改革のモデルにもなるだろう。第1章❶の「リモートワークでは仕事がしづらい？」も再度参照してほしい。

　時間に制約のある部下への活躍支援の先には、さまざまな制約や事情を抱える社員が活躍し続けられる〝新しい組織の姿〟も見えてくるだろう。

13 チームワークを高めるには飲みニケーションが必要？

ワーク・ライフ・バランス意識が浸透。時間外の付き合いは嫌がられる

すっかり浸透してきたワーク・ライフ・バランスへの意識。内閣府は、さかのぼること2007年に、政労使の合意の下に「仕事と生活の調和（ワーク・ライフ・バランス）憲章」を策定。ワーク・ライフ・バランスが実現した社会を「国民一人ひとりがやりがいや充実感を感じながら働き、仕事上の責任を果たすとともに、家庭や地域生活などにおいても、子育て期、中高年期といった人生の各段階に応じて多様な生き方が選択・実現できる社会」と定義。その実現のために、①就労による経済的自立が可能な社会、②健康で豊かな生活のための時間が確保できる社会、③多様な働き方・生き方が選択できる社会の三つを目指すとした。

ワーク・ライフ・バランスは、その後の働き方改革の流れとも相まって、職場の労働環境を見直すキーワードとして定着してきた。

さらに近年出された、総務省の提言書「ポストコロナの働き方『日本型テレワーク』の実現～個人・企業・社会全体のウェルビーイングを目指して～」（2021年8月）の中には、次の記述が見られる。「『ワークライフバランス』という言葉は、ワーク中心で人生というものを考えるニュアンスがあり、今後は、人生のなかに仕事があるという『ワークインライフ』という言葉の方が馴染むという意見もあった」

この「ワーク・イン・ライフ」は、より良い生活や人生を中心に据えた上で、その実現に向けて働き方を見直すことを推奨した言葉。少子高齢化や経済のグローバル化で職場のダイバーシティが進んできたさなか、コロナ禍で在宅勤務等のテレワークが一気に広がり、あらためて人生や生活の充実を前提に仕事を捉え直す気運が高まっている。

私が大学で教える学生たちが、社会人になることに対する不安の筆頭に必ず挙げるのが、「会社に拘束される時間が長くなり、自分のプライベート時間が奪われること」。残業や出張、時間外の付き合いや接待などで時間を取られることへの懸念が強い。仕事は頑張りたいものの、プライベートはしっかり確保し、趣味や友人・家族との時間は大切にしたい。若手世代は、そう望む傾向が強くなっていると感じる。上司の皆さんも若手社員の様子から、実感しているのではないだろうか。

昭和から平成の時代には「ちょっと一杯行こうか」と仕事終わりに上司が部下を誘うことは日常的な光景だった。しかし、法制化されたハラスメント防止の観点から、時間外に上司が部下を飲みに連れ出すことを慎むよう、注意を促す企業も出てきている。上司としても、部下との親睦のために良かれと思って取った行動がハラスメントとみなされては不本意だ。また、管理職に、親睦のために会社経費を使うことが認められづらくなってきていることも多く、いまや時間外の上司と部下の付き合いは珍しくなりつつある。

マネジメントの非常識

部下との信頼関係やチームワークをつくるための飲みニケーションは古い？

そこで、あらためて問われるのが、職場の飲みニケーションの是非だ。前項のように、働き方や働く人たちの意識が変わってきた時代背景はあるものの、本音では「チームワークをつくるには飲みニケーションも必要だ」と考える上司も少なくないのではないか。実際、私の会社が開講する「上司力®研修」でも、ただでさえ効率が重視され多忙な毎日が続く中、飲みニケーションもご法度となると、部下とじっくり腹を割って話すことは難しいとこぼす管理職は少なくない。
しかし、ダイバーシティが進む今日の職場では、上司がまだ駆け出しだった頃と同じように、上司と部下の信頼構築の手段を飲みニケーションのみに頼ることは控えるべきだろう。

その理由は四つある。第一は、育児や介護、障害や疾病などを抱え、時間的制約のある人が増えている以上、時間外の活動を前提としない働き方を基本とすべきだからだ。残業も極力なくすことが求められる中、飲みニケーションを控えるべきであることは言うまでもないだろう。

第二に、前項で触れたように、若手世代に多い時間外まで拘束されてプライベートな時間を奪われたくないとの感覚を尊重するのが、時代の流れであるためだ。上司からは私生活上の制約が少ないと見える新社会人であっても、上司世代の仕事中心の価値観を押し付けるようでは、モチベーションの低迷や早期離職にもつながりかねない。

第三に、副業や兼業解禁の流れの中で、複数の仕事を持つ社員が増えつつあるからだ。本人にとっては、この職場での終業時間は、次の仕事の準備や始業の時間ということもあり得る。おのずと時間外に職場にとどまる余裕はない。

第四に、キャリア自律が重視される時代のためである。部下が自己啓発やリスキリングに励む時間への配慮は、人的資本経営を進める上での必須要件だ。

以上のように、飲みニケーションはもはや通用しないとの認識が浸透している。異なるアプローチで、部下との信頼関係やチームワークづくりに取り組まなければならないと考える上司も多いだろう。

マネジメントの新作法❶

チームワークは部下一人ひとりを活かす組織図でつくる。ただし、節目の飲みニケーションはあり

では、どのようなアプローチが考えられるか。チームワーク向上のためにインフォーマルコミュニケーションを図るのもよいが、時間外の活用を前提とするのは難しい。したがって、一つには、第1章❸の「職場ではプライバシーに関わることは話さない?」で解説したような、就業時間内に部下とのインフォーマルコミュニケーションを深める工夫が有効だ。日常でも応用可能な具体例も示しているので、再度参照してほしい。

そこで、以下に紹介する方法は、多様な部下とのチームワークを向上させるため、一人ひとりの持ち味が活きる役割を定義し、互いに協働することを明示する組織図づくりだ。

上司は部下一人ひとりに対し、チームの中で担う役割を任せ、業務分担をしているはず

だ。そこで、これを上司と個々の部下のみにとどめず、チーム全員で共有し合うのだ。【図表4-5】を参照してほしい。こうした〝遊び心のある組織図〟を作成するのも効果的だ。

営業第2課で入社11年目の中堅社員・渡部さんを例に取って説明しよう。今期、東部エリア担当の営業主任に抜擢《ばってき》された部下だ。本人との面談で上司の佐藤さんは、これまでの本人の活躍と希望を踏まえ、近い将来には営業第2課全体でのリーダーシップの発揮を期待すると伝えた。併せて、チーム全体では、次の上半期は全員で「お客さまの販売力30％アップで、自社売り上げ目標30％アップを達成しよう」との組織目標も共有済みだ。

上司は、新たなリーダーと期待する渡部さんに、「あなたならではの役割を担ってもらいたい」と強調する。渡部さんは、コツコツと顧客本位の提案営業を積み重ねてきたことで、お客さまからの信頼が厚く、社内でも豊富な知識や類いまれな営業センスには定評がある。また、上司や後輩との報告・連絡・相談（報連相）も丁寧で頼りにされる存在だ。そうした自他共に認める「信頼関係づくりのプロ」としての強みを今後も十分に発揮して、渡部さんらしいリーダーシップで組織に貢献し、大きく成長してほしい。そのことを本人に伝えると同時に組織図にも明記し、チーム全体で共有するのだ。

同様に、他の部下一人ひとりについても、本人の仕事を組織全体の中に位置づけると同

図表4-5　中堅広告代理店営業組織の仮想例

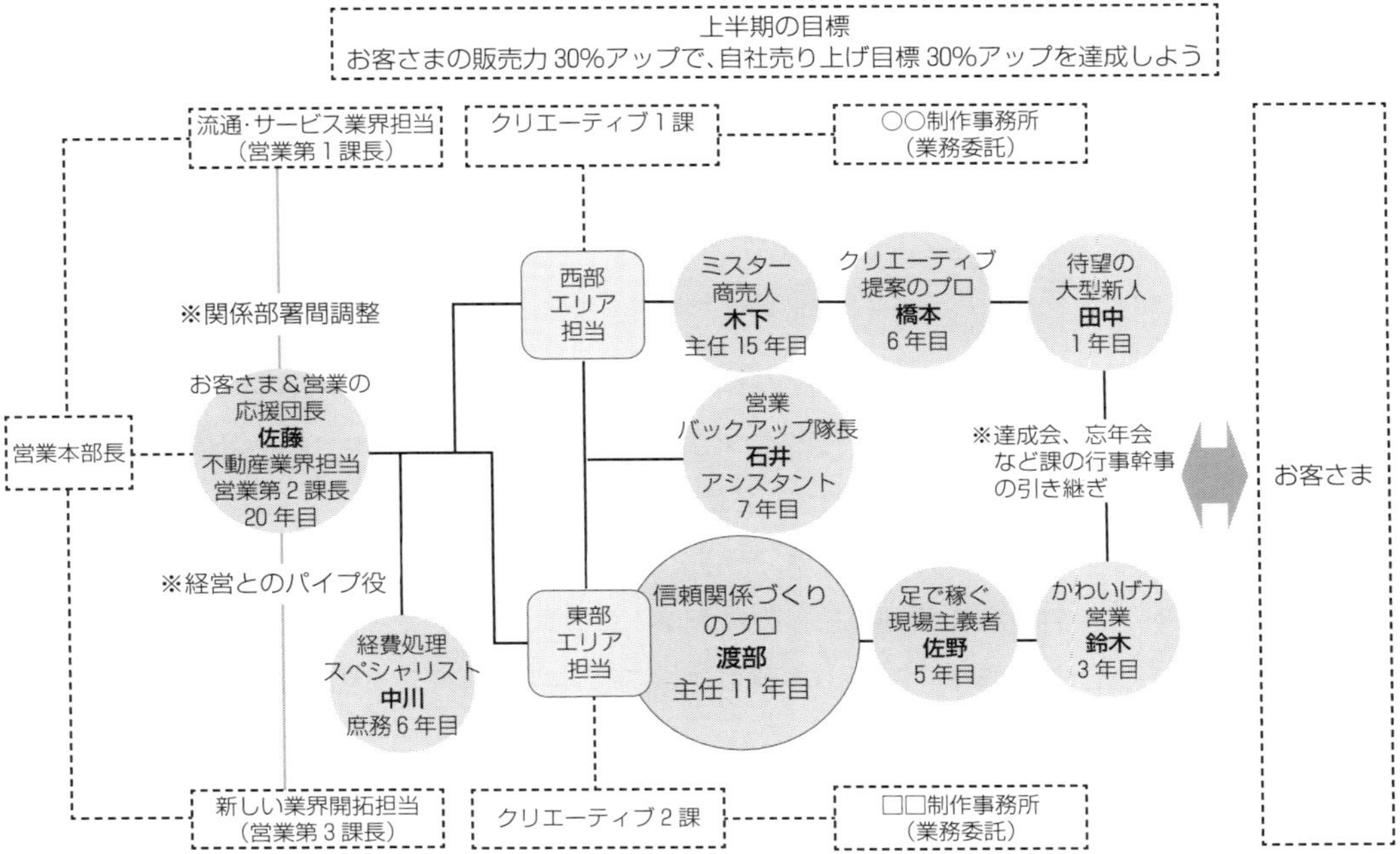

資料出所：筆者作成

時に、本人のキャリア希望にもつながる仕事として動機づける。こうして、部下全員の活躍・成長とチーム全体の仕事のつながりを可視化して共有することで、チームワークは高まっていくのだ。

とはいえ、私は、部下一人ひとりの状況と気持ちに十分配慮した上で、仕事の節目に、全員が参加しやすい形式の飲みニケーションなら、一概に否定されるべきではないと考えている。上司の都合の押し付けではなく、部下たちが前向きになれる機会にできれば、みんなにとってプラスになるだろう。就業時間内におけるマネジメントの工夫で、チームワークを高めることをメインに据えつつ、部下やチームの状況に応じ、飲みニケーションもサブの手段として柔軟に活用すればよいのではないだろうか。

マネジメントの新作法❷

上司のファシリテーション技術を磨く

部下一人ひとりがお互いの役割を理解し、共に目標に向かって取り組む組織体制が整っても、日々仕事の進捗《しんちょく》を共有したり困り事を相談したりしにくい状態では、職場は〝たこつぼ化〟しがちだ。一人ひとりが自分の仕事にのみ没頭するだけでは、せっかくの組織図も画餅になりかねない。

そこで上司には、日頃から仲間意識を高め、情報交換や報連相を促すことが求められる。鍛えておくべきことは、ファシリテーションの技術だ。

例えば、会議や定例ミーティングなどでは参加者全員に発言を促し、参加意識の醸成と発言したくなる雰囲気づくりに気を配る。上司の考えや発言に対し、部下一人ひとりがどう考えているか質問し、さらに部下同士の意見交換に導くこともよいだろう。また、1人で悩んでいそうな部下がいたり、チーム内や部署間で連携すべき課題が見えたりしたら、関係を取り結ぶ介入も積極的にしたい。部下たちに、持ち回りで会議の司会役を任せるのも効果的だろう。上司だけが仕切るより、互いに発言しやすい雰囲気になりやすく、司会役の当事者意識も高まるからだ。

このように、上司は職場の〝たこつぼ化〟を防ぎ、活気あるチームをつくることで、仲間と共に良い目的の実現に向けて働いているという意識を高めることが大切だ。これは組織エンゲージメントの向上にもつながるものだ。

上司には飲みニケーションのみに頼ることなく、ファシリテーションの技術を磨き、それを発揮することで、本来業務の中でチームワークを高める役割が求められるのだ。

第5章 多様性（ダイバーシティ&インクルージョン）

14 女性の活躍は進んでいる？

結婚・出産後も働き続ける女性は劇的に増えている

２０１６年施行の女性活躍推進法や、２０１９年から順次施行された働き方改革関連法などによって、職場における女性の働きやすい環境の整備が一定程度進んでいる。企業には、「事業主行動計画」により女性活躍に関する状況把握、課題分析、行動計画の策定・公表などが義務化された。育児・介護休業制度の充実によって、仕事とライフイベントとの両立支援も進み、２０２２年10月からは産後パパ育休の創設で男性の育休の取得促進も

図表5-1　女性の年齢階級別労働力率の推移

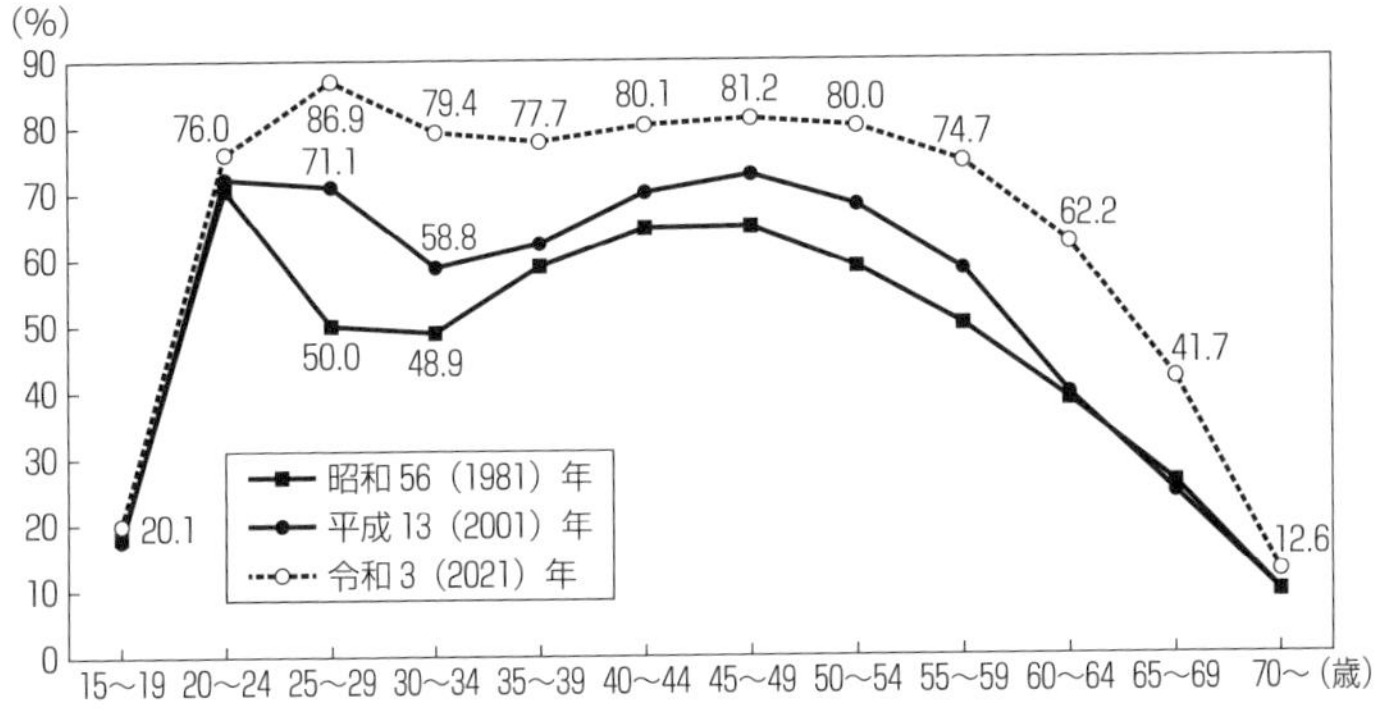

資料出所：内閣府「令和4年版男女共同参画白書」（2022年6月4日公表）
［注］　1．総務省「労働力調査（基本統計）」より作成。
　　　　2．労働力率は、「労働力人口（就業者＋完全失業者）」／「15歳以上人口」×100。

図られた。セクハラ・マタハラなどのハラスメント防止の法整備も進んだ。企業の女性採用や女性の管理職登用も拡大している。

1981〜2021年の30年間にかけて、女性の年齢階級別労働力率がM字カーブから台形カーブへと徐々に変化し、結婚・出産によって退社をせざるを得なかった状況は、劇的に改善されてきたことが読み取れる**【図表5-1】**。女性の活躍は着実に進んできているようにも見える。

ところが、2021年6月に公表された政府の「選択する未来2・0　報告」では、実は女性の正規雇用労働者に限定するとM字カーブは解消していない。それどころか、女性の正規雇用比率は、25〜29歳をピークに年齢が上がるにつれて低下する「L字カーブ」

図表5-2　女性の就業率と正規雇用比率

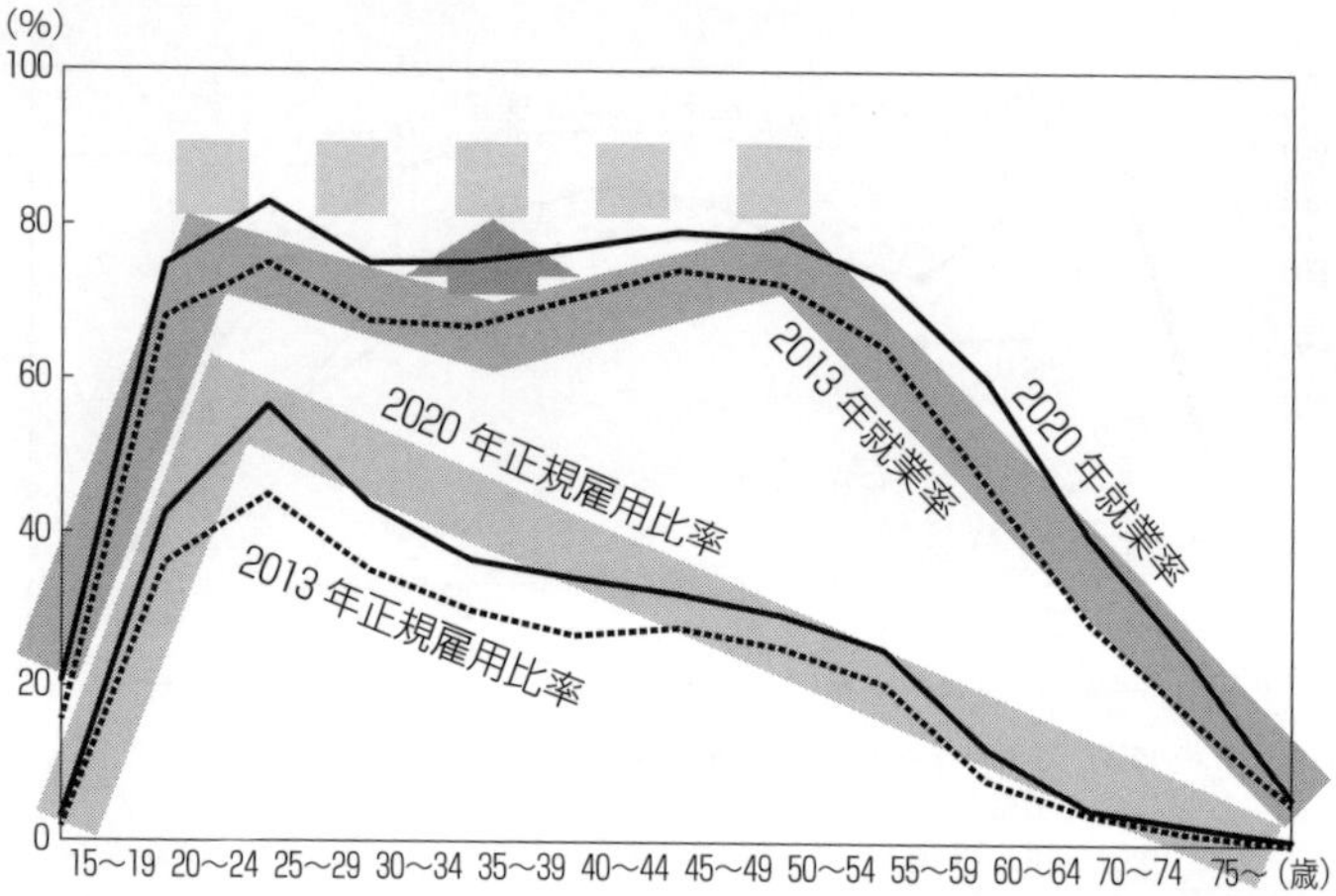

資料出所：内閣府「選択する未来2.0　報告」（2021年6月4日公表）
［注］　1．総務省「労働力調査（詳細集計）」より作成。
　　　2．就業率や正規雇用比率は人口に占める割合。

を描いている【図表5-2】。

もう一つ注目したい数字がある。

内閣府によると、現在、日本における管理的職業従事者に占める女性の割合は12・9％（2022年時点、「令和5年版男女共同参画白書」）。これは、国際的水準の30~40％台に比べ著しく低い。一方、女性活躍推進に向けて、日本政府が長年にわたり声高に唱えてきたのが「202030（ニーマル・ニーマル・サンマル）」。すなわち「2020年までに指導的地位に占める女性の割合を30％程度に」という政策目標だった。実態はいまだこの目標の半分以下という惨憺《さんたん》たる状況である。

政府は、2020年12月に公表した

「第5次男女共同参画基本計画」の中で、目標数値と期限を曖昧にした上で先送りにし、「2020年代の可能な限り早期に指導的地位に占める女性の割合を30%程度」と、白旗を上げたようにも映る。女性活躍推進を叫ぶ声は、一時期に比べ下火になったようにも感じられる。

マネジメントの非常識

正規雇用で働き続けることが女性の活躍？

以上のことから、「女性活躍は進んでいる」と考えることが常識とは言えないことは、明らかだろう。

「L字カーブ」の問題提起は、政府の「経済財政運営と改革の基本方針（骨太の方針）」に2020年以降反映され、出産後女性の正規雇用化を図ることが政策課題に掲げられている。就業調整の解消や女性に集中する子育ての負担軽減に取り組み、正規雇用にとどまれるようにすべき、ということだ。出産退職の状況を見ると、第1子出産前後の女性の就業継続率は69・5%と上昇しているものの、第1子出産を機に離職する女性の割合は30・5%となっている。また、第2子の場合は12・9%、第3子は10・5%になっている（国立社会保障・人口問題研究所「第16回出生動向基本調査（夫婦調査）」2021年）。

コロナ禍では非正規雇用の女性が失業や収入減という困難に直面するなど、非正規雇用の多くを女性が占めてきたことが課題であることは事実だろう。最近では男女の賃金格差も問題視されており、不当な格差は看過できない課題となっている。

こうした背景からも、働く女性の正規雇用化こそが、女性活躍の正しい道筋だと思われがちである。しかし、果たしてそれが正解なのだろうか。

社会・経済システム自体が大きく変動し不安定化している今日、正社員なら安泰という構図そのものがほころび始めている。私は、女性活躍を進めるために、既存の日本型雇用の仕組みの中で正規雇用化することだけが正解とすることは、真の課題を見誤るのではないかと考えている。

マネジメントの新作法❶

既存の枠にとらわれず、女性の「働きがい」創出とキャリア支援を

そもそも、官民を挙げて多様な女性活躍推進施策が講じられているにもかかわらず、今なお多くの女性が出産・育児期に正規雇用の安定待遇を手放すのはなぜだろうか。先に結論を言えば、政府や企業が女性の「働きやすさ」の整備には注力してきたものの、より大

切な「働きがい」への取り組みがおろそかだったからというのが、私の見立てである。

もちろん、いまだに両立支援施策が不十分な企業もあるだろう。しかし、いかに産前産後休業、育児休業、短時間勤務、在宅勤務など働きやすい環境が整っても、仕事と育児・家事を両立させる負荷は相当に大きいものである。それを乗り越えてまでも、正社員として働き続けたいと思える状況にないことが本質的な課題ではないだろうか。つまり、「そこまで無理して正社員にこだわる気持ちになれない」ということである。

政府発表のデータで、私が着目する別の数字がある。それは、「起業家に占める女性の割合の推移」である。ここ40年来、若干上下しつつも3～4割を保っており、2017年調査では34・2％（旧定義※）。働く人たちの9割は雇用者（会社、団体、官公庁等に雇われて給料、賃金を得ている者）で、起業家を含む自営業者は約1割に過ぎないにもかかわらず、その中の女性比率は30％を早くからクリアしている。組織の中で昇進して経営者になっていく女性は少数派だが、起業家として活躍する女性経営者は常に30％以上いるのである。

※2020年12月25日に閣議決定された第5次男女共同参画基本計画では、起業家の定義に変更があった。（新定義）過去1年間に職を変えたまたは新たに職についた者で、現在は会社等の役員または自営業主となっている者のうち、自分で事業を起こした者

（旧定義）過去1年間に職を変えたまたは新たに職についた者のうち、現在は「自営業主（内職者を除く）」となっている者

それはなぜか。私は次のように見立てている。

女性にとって、男性優位につくられてきた昭和を引きずった既存組織の枠組みの中で、リーダーシップを取るのは至難の業である。過去や先人を否定しなければならない状況が多発するからである。しかし独立・起業すれば、そうした壁が立ちはだかることは少ないので活躍しやすいのではないか。もちろんゼロから事業を立ち上げる苦労は並大抵のものではないが、一方で既存の組織体制に抗《あらが》う苦労は大幅に緩和される。

いま真剣に取り組むべきは、各企業で女性がライフイベントとの両立の壁を乗り越えながらも、キャリアアップしたいと思える環境をつくることである。

私が見てきた企業の中では、ワーキングマザーたちがイキイキと働き、大きく業績を伸ばしたところもある。共通するのは、顧客・社会貢献に向けた企業理念やビジョンがしっかり共有されており、常に変革し続ける風土があることだ。その原動力となっているのが、男女を問わず一人ひとりの働きがいとキャリアを重視し、活躍と成長を支援する企業の本気度である。たとえ育児などの制約があっても、本人がコミットした目標への取り組みは厳しく求めつつ、働き方や仕事の進め方は社員一人ひとりの裁量に任せている。

マネジメントの新作法❷

女性活躍推進は、企業の枠組み変革とセットで進める

企業は本来、顧客や社会に貢献することを目的とし、結果として収益を得る仕組みである。企業の目的と、結果としての収益を取り違えてはいけない。しかし、企業の多くは、山積する社会問題の解決に向けて自らを変革しきれていない。この企業の変革と切り分けて、女性活躍だけを目指すことにも無理があったのではないだろうか。

男性中心、利益第一主義で走ってきた組織体質は変えることなく、法対応もあって女性の働きやすさを追求する一方で、女性管理職比率は上げようと、横車を押す状況になっていたのではないだろうか。これが、女性活躍が進まなかった主因と思えてならない。

真の女性活躍推進は、社会や企業の枠組みそのものの変革とセットで進める視点が大切だ。古い企業のパラダイム変革を目的に据え、そのために旧弊とは一線を画すために、女性の活躍を図るのである。

実際、私たちが関わってきた女性活躍が進んでいるある企業の経営トップは、「私は経営者であり、経営の結果を出す責任があるから、女性の活躍に力を入れている」と話している。

これは何も女性に限った話ではないことが分かる。これまで十分に力を発揮する機会が少なかった多様な人たちに、イノベーションの起爆剤を託すことで、組織が生まれ変わる可能性が高まるはずである。

15 年上部下は、やる気がなく変わらない？

高齢化社会でシニア社員が増加中

日本企業で働くシニア社員は、着実に増えている。

【図表5－3】は、この40年間の労働力人口に占めるミドル・シニア層の割合の推移を表したもの。特に65歳以上の割合は右肩上がりの顕著な伸びを示しており、45～54歳も増加傾向にある。少子高齢化が進む中、シニア社員は増え続けるだろう。

パーソル総合研究所の50～60代のシニア従業員を対象にした調査によると、「何歳まで働きたいか」を尋ねたところ、「70歳以上まで働きたい」と回答した人は50代が25・1％で、60代では41・4％。年齢が高くなるほど、働きたい年齢も延びる傾向がある。60代の半数以上が、69歳までの就業を希望。4割以上が、70歳以上まで就業を希望しているとの結果だ【図表5－4】。

図表 5-3 労働力人口に占めるミドル・シニア層の割合

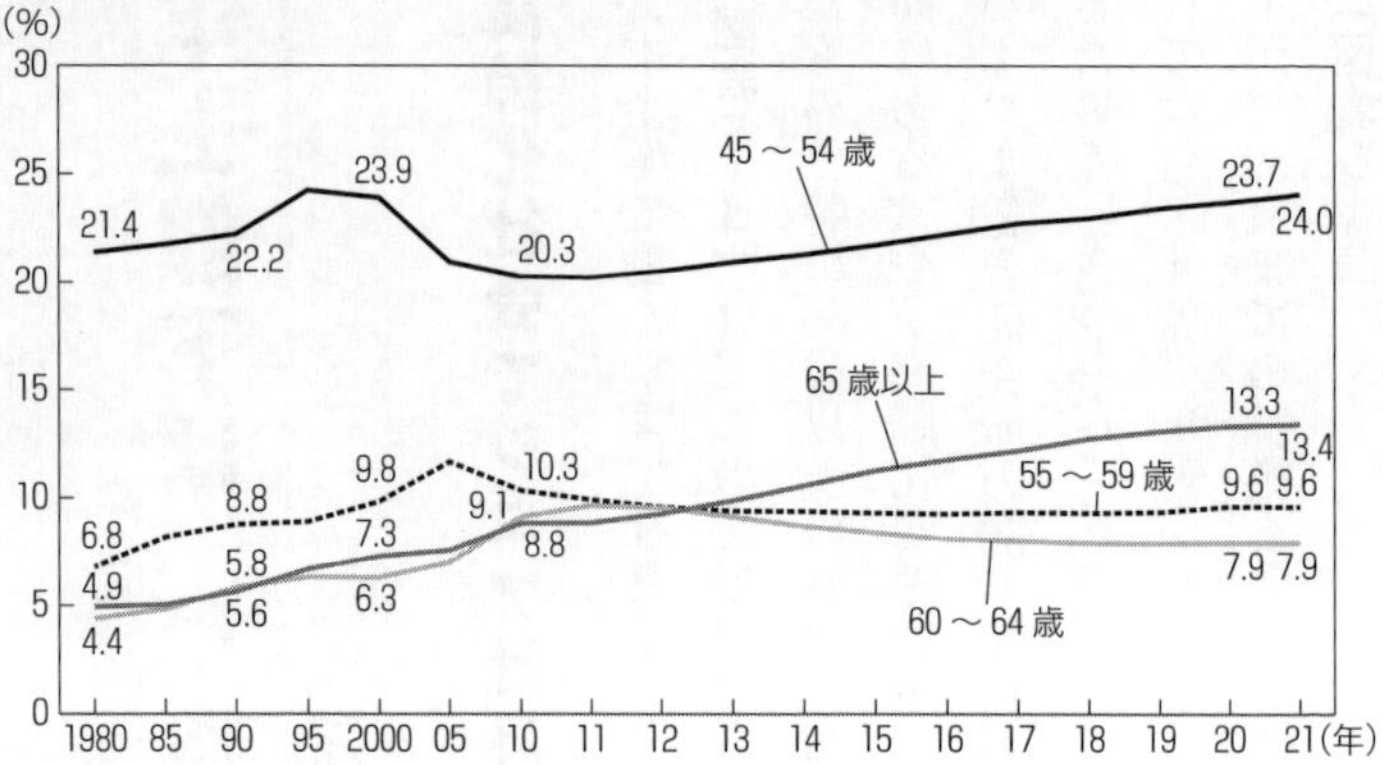

資料出所：内閣府「令和４年版高齢社会白書」を一部改変

人生100年時代。70～80代まで元気に働き続けるシニアは、もはや普通の姿である。

2020年3月に高年齢者雇用安定法が改正され、2021年4月に施行となった。これまで企業に義務づけられていた65歳までの雇用確保が、努力義務ながら70歳までの就業機会確保に拡大された。

これに伴い、企業における定年の延長・廃止や再雇用等も促進され、シニア社員の割合はさらに増えるだろう。

これは、若手や中堅の管理職が、自分よりも年上の部下を持つ可能性がより高まることを意味する。人生の先輩をいかにマネジメントするか。この悩ましいテーマは、既に上司の必須課題となっているのだ。

図表5-4 50代、60代の就労希望年齢

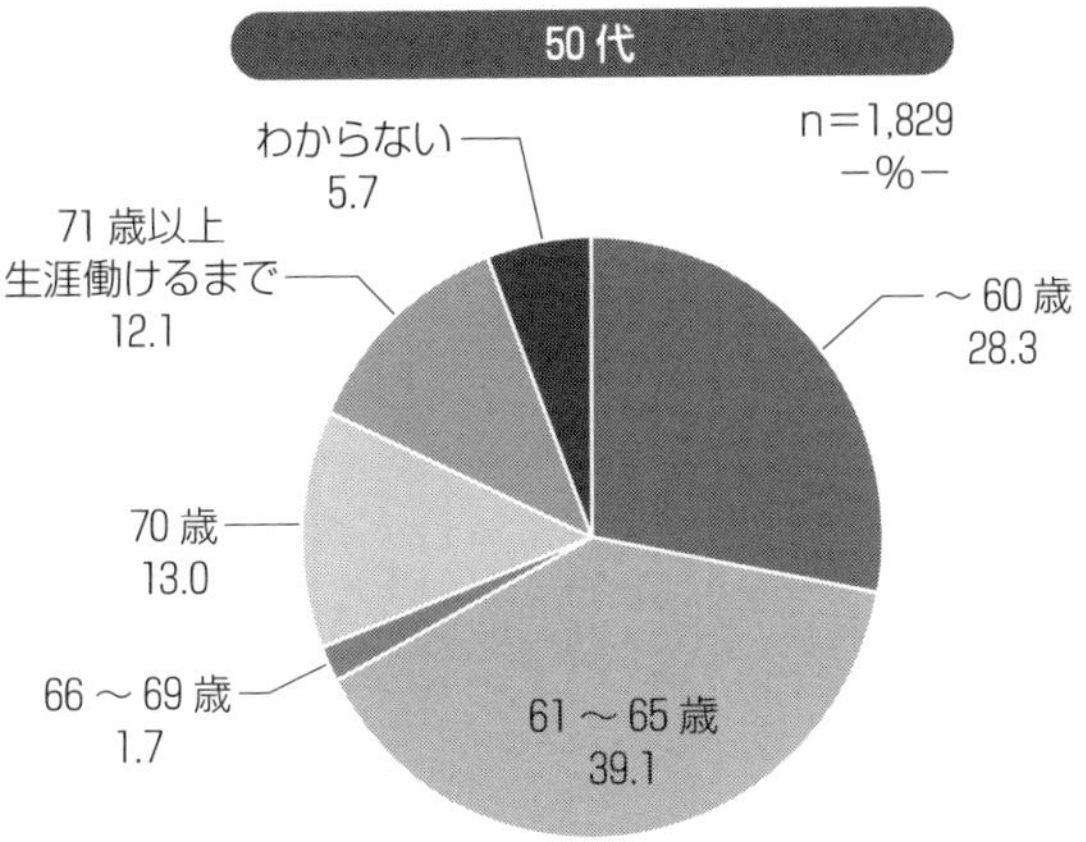

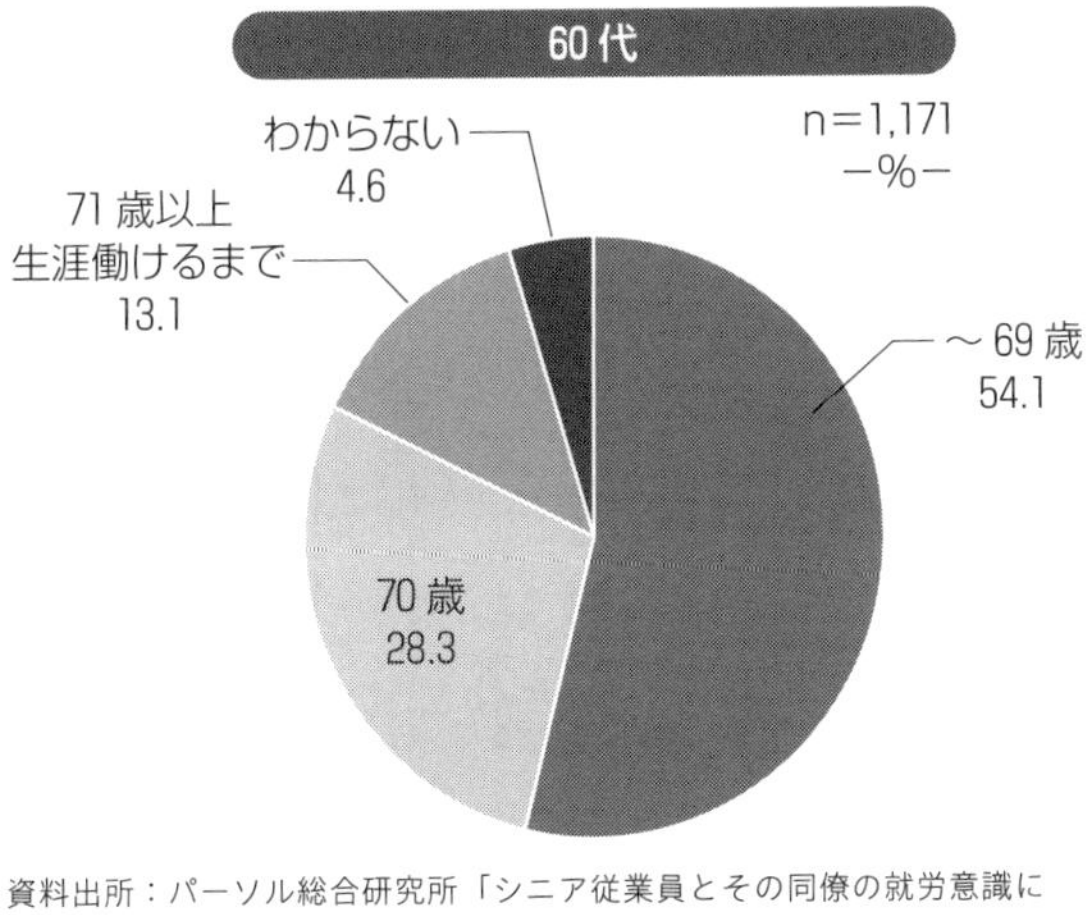

資料出所：パーソル総合研究所「シニア従業員とその同僚の就労意識に関する定量調査」（2021年）

マネジメントの非常識

定年間近の年上部下は、やる気がなく変わらない？

では、上司は年上部下のマネジメントにどう苦慮しているのか。私の会社が開講する「上司力®研修」を受講した管理職から寄せられた典型的な声を紹介しよう。

【ケース1】年上部下が周囲の若手に「自分は役職定年で給料も下がり、年齢も年齢だ。仕事は〝そこそこ〟にしたい」と吹聴している。本人の言い分も分からなくはないので、無理を頼まず、周囲にも煩わされない負荷の低い仕事を工面した。しかし、本人はますます〝やる気のなさ〟を周囲にまき散らし、チームにも悪影響が及び始めた。

【ケース2】年上部下に仕事を依頼するたびに、とげとげしい態度で対応され、素直に言うことを聞いてくれない。新しい仕事のやり方にも後ろ向きだ。かつて世話になった先輩とはいえ、自分は上司としての職責があり、周囲にも示しがつかない。立場をわきまえて、変わってもらおうとすると、さらに険悪なムードになってしまい、関係がぎくしゃくするばかり。

ただでさえ多忙を極め、業績目標達成のプレッシャーもある上司は、「定年間近の年上部下は、しょせんやる気がない」「頭が固くて、もう変わることなどできない」と、さじを投げがちだ。敬遠するか、さらに厳しく管理するかの二者択一を迫られる場合が多い。

しかし、それでは状況は好転しない。なぜか。

真面目なシニア社員ほど、終身雇用と年功序列を前提に猛烈に働いて社内での地位を築いてきた。課長、部長という呼称が自身のアイデンティティーになっている人も少なくない。役職定年は想定していたものの、いざ実際に対象者になってみると喪失感は大きく、プライドも打ち砕かれている。年下上司や後輩社員たちに腫物のように扱われると肩身も狭い。そこで「そこそこに」と自嘲気味に語るものの、仕事の目標を失い、意気消沈している人も多いものだ。継続雇用で社内での居場所は確保できても、今後の自分の仕事や役割に不安を抱き、つい自己防衛的になっているのかもしれない。

私はこうしたミドル・シニア層の増加を痛感し、セカンドキャリアに新たな希望を抱いてほしいと願い、『50歳からの逆転キャリア戦略』（PHP研究所〔以下同じ〕、2019年）、『50歳からの幸せな独立戦略』（2020年）、『50歳からの人生が変わる痛快！「学び」戦略』（2021年）と3部作を出した。並行して私の会社では「50代からの働き方研修」も多数の企業で実施しているが、30年以上培ってきたシニア社員のキャリア意識を変えることは可能ではあるが、想像以上に困難であると感じている。

70代以上でも働くことが一般化しつつある現代、上司にとって、シニア社員の不安や悩みは他人事ではない。腰を据えて長い目で複雑な気持ちに寄り添い、共に解決に向けて取り組むことは、将来の自分に向き合うことでもある。

マネジメントの新作法❶

給与・肩書ではなく、働きがいをプライドに換えてもらおう

では、上司は年上部下に対し、どのような姿勢で臨むべきか。

第一に、人生と職場の先輩としてリスペクトする姿勢と、本人の持ち味を活かす役割をつくることだ。「上から目線」で指示命令する姿勢では良い関係は望めない。役職定年者なら、職場のマネジメントで貢献してきた経験値がある。管理職経験がない場合でも、顧客やチームへの貢献実績や社会人としての豊富な人生経験に一日の長が必ずあるはずだ。

第二に、今後の仕事について、「給与・肩書」という物差しではなく、「働きがい」という物差しで対話をしていくことだ。少し前の調査だが、厚生労働省「高齢社会に関する意識調査」（２０１６年）によると、働く理由の1位を「経済上の理由」とする人は40代、50代と年齢層が高くなるほど減少する。60代では「生きがい、社会参加のため」と差が縮

図表5-5　年齢別に見た高齢期の就業希望理由

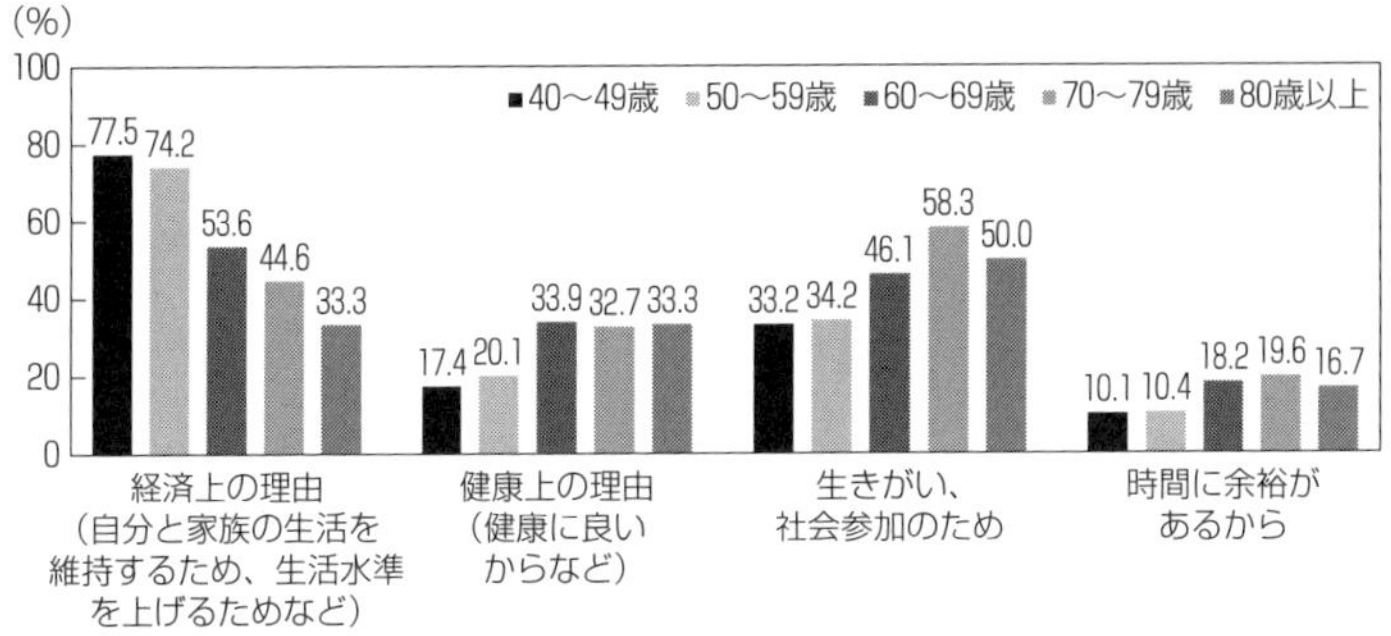

資料出所：厚生労働省「高齢社会に関する意識調査」（2016年）
［注］「その他」はいずれの年齢層も2％未満のため、掲載を省略した。

まり、70代ではこれが逆転1位となり、80代ではさらに差が開く傾向が明らかだ【図表5-5】。
生きがいとは社会と接点を持ち、そのつながりの中で自分の存在意義を感じられること。しかし、これまで会社人間であった人ほど、いきなり社外で社会参加の場をつくることは難しい。まずは会社での仕事を通じて社会に参加し、貢献することによる自己効力感を持ってもらうことが現実的だ。

定年をゴールと捉えて、給与の高さや社内での地位でアイデンティティーを保つ状態から脱却してもらおう。定年後も、イキイキと働く将来像をイメージしてもらい、そこから逆算すると、今の仕事が自分の人生にどういう意味があるのかが見えてくる。何より、どんな働きがいを感じられるのかでアイデンティティーを醸成できるよう、本人のマインドシフトを支援していこう。ミドル・シニア人材に対する支援については、本書第2部のニューホライズンコレクティブの取り組み事例が示唆的だ。ぜひ参考にしていただきたい。

マネジメントの新作法 2

年上部下のキャリア自律支援で心強いメンバーをつくろう

人生100年時代を迎えた現在、「定年＝リタイア」という認識を払拭していかなければならない。定年はセカンドキャリアのスタートに変わった。定年後は会社や上司からの指示命令はなくなる。そのため定年が見えて来た社員に必要なのはキャリア自律である。上司には良き相談相手となり、現在の仕事だけでなく、定年後の働きがいや生きがいまでを視野に入れた対話が求められる。

上司としては、本人のこれまでの経歴や実績などを可能な範囲で把握した上で、キャリアの棚卸しと今後のビジョンを話し合うことだ。

「働く」とは、文字どおり「人のために動く」こと。そして「働きがい」とは「人のために動く喜び」といえる。年上部下が、これまでの仕事で働きがいを感じた瞬間は何だったかを聴いていこう。さらに、定年後の働きがいや生きがいへの思いを聴こう。そこにつながる職場内での役割分担を検討し、チームへの貢献を後押ししよう。例えば、豊富な経験を活かした若手のメンター、部署横断での調整役、難度の高い顧客対応など、さまざまな役割や組織貢献の在り方が考えられるはずだ。

また、年上部下がこれまで管理職だった場合は、プレーヤーとしての〝筋力〟が弱っている可能性がある。リハビリのためのOJTや研修、自己啓発の機会も必要だろう。その支援も積極的に行いたい。かつての成功体験に拘泥せず、新たな情報や技術も学び直して取り入れるように促そう。これはチーム成果のためだけではなく、本人が定年後も長く輝き続けるためという共通認識に立った上で話し合うことだ。

以上の支援によってキャリア自律を意識して取り組んだ年上部下は、上司にとっての心強いメンバーになってくれることだろう。年上部下のモチベーションアップ・能力活用と、組織のイノベーション・ブレークスルーの両立も十分可能なはずだ。

16 さまざまな志向・価値観の社員を集めたほうが組織は強くなる？

画一性の塊になりがちな日本の〝会社村〟は変化に対応しづらい

多様な人材を採用して活かそうとするダイバーシティの推進は、いまや官民を問わず組織戦略のトレンドだ。起点は、女性、若者、高年齢者、障害者、外国人などの多様な人材を受け入れ、それぞれの働き方に配慮しながら活躍を支援することにあったといえよう。少子高齢・人口減少社会の中での切実な人材確保の狙いも大きかった。

次のステップとして、ダイバーシティ経営のより積極的な意義が論じられている。経済産業省は「ダイバーシティ2・0　一歩先の競争戦略へ」（2020年9月）と題する報告書で、管理職のダイバーシティとイノベーションの成果との間に統計的に有意な関係があるとの国際調査結果などを引用。ダイバーシティ経営の効果は、①人材獲得力の強化、②リスク管理能力の向上、③取締役会の監督機能の向上、④イノベーション創出の促進などによる、企業価値の向上につながるとし、ダイバーシティを経営戦略にいかに組み込むかが重要と提言している。

近年、後を絶たない大企業の不正や偽装などの不祥事。デロイト トーマツグループが発表した「企業の不正リスク調査白書　Japan Fraud Survey 2020-2024」（2022年10月）によると、品質不正・データ偽装が多発する理由（複数回答）のトップは「品質よりも納期や業績を優先する組織風土」で51%。次いで「人事ローテーション不足に伴う人事固定化や業務属人化に伴う暗黙的なルールの存在」と「上司の指示が絶対的であり疑問の声をあげることのできない職場環境」が共に35%。さらに「問題に気づいていても無関心や見て見ぬふりをする事なかれ主義が蔓延」34%、「縦割り組織、セクショナリズムによる部門・職制間のコミュニケーション不全」33%と続く。

事象としては品質軽視が問題なのだが、その根底には閉鎖的で画一的な視点しか持てない組織風土にこそ大きな要因がある。前述の経済産業省レポートでも、企業のリスク管理能力に問題がある要因として、均質的な組織による「グループシンキング（集団浅慮）」（構成員に対する無言の圧力から、集団にとって不合理な意思決定が容認され得ること）を指摘している。すなわち、ダイバーシティは企業のイノベーションや健全性の確保にとって必要不可欠なのである。伝統的な日本企業は、終身雇用と年功序列に象徴されるメンバーシップ型で、男性正社員中心のピラミッド型組織だった。しかし、VUCA（変動性、不確実性、複雑性、曖昧性を表す英単語の頭文字を取った言葉）といわれる不確実性の高い現代。画一性の塊になりがちな〝会社村〟のままでは変化に対応できず、失速するばかりだ。ダイバーシティ経営は、この打開のためにこそ期待されている。

マネジメントの非常識

社員の構成を多様化すれば組織は変化に対応できる？

では、職場のダイバーシティは、どのような視点で進めるべきか。経済産業省の手引き「多様な個を活かす経営へ～ダイバーシティ経営への第一歩」（2021年3月）では、次のように記されている。

「企業をとりまく環境変化のスピードが加速化する中、企業の抱える経営課題も絶えず変化しています。環境変化に対応しながら持続的な成長につなげていくためには、従来の慣例や慣習に捉われることなく、新たな視点で、経営戦略・人材戦略を見つめ直すことが必要です。従来とは異なる多様な人材の能力や特性を最大限に活かすこと、すなわち『ダイバーシティ経営』が、新たな企業価値の創造にも繋がります」

「多様な人材（たとえば、女性、外国人、高齢者、チャレンジド〔障がい者〕など）の一人ひとりが多様な能力を最大限発揮して価値創造に参画していく」

「組織内の個々の人材がその特性をいかし、いきいきと働くことの出来る環境を整えることによって、『自由な発想』が生まれ、生産性を向上し、自社の競争力強化につながる、といった一連の流れを生み出しうる」

すなわち、企業は多様な社員を採用すれば、組織は変化に対応でき、強くなるという確信が伝わってくる。果たして、この指針に沿っていけば、あなたがマネジメントする組織は本当に強くなっていくのだろうか。

マネジメントの新作法❶

会社の理念・組織のビジョンには一枚岩になるべき

旧態依然とした組織風土に強い危機感を持ったある伝統的企業の新経営陣が「この際、尖《とが》った人材や優秀人材を投入し、良い刺激を与えよう」と考え、事業革新も視野に、既存の社員とはかなり異質の中堅社員数人を同時に採用した。また、新卒採用でも、優秀人材を特別待遇で迎え入れた。

しかし、この試みはうまく運ばなかった。既存の社員は経営側の心ない人事に反発し、新しい社員たちは浮いてしまった。職場はぎくしゃくするばかりで、成果どころではなかったのだ。

長い間に出来上がっていた従来の〝会社村〟は、既存社員にとっては慣れ親しんだ居心地のよいコンフォートゾーン。異端人材ははじき出そうとする力が働き、鳴り物入りで入ってきた新参者は居場所を失った。

既存社員の中にも改革の必要性を感じていた者はいたが、新しい社員たちと考え方や手法が折り合わなかった。既存社員の賛成派も反対派も、また新規社員も反目し合い、組織はバラバラになってしまったのだ。

私は長年、さまざまな企業でダイバーシティマネジメントの推進を手掛けてきて教訓にしていることがある。それは、人材の多様性が必要とはいえ、会社の理念・組織のビジョンにおいては、一枚岩にならなくてはならないということだ。

近年、パーパス経営の重要性があらためて叫ばれている。自社が社会でどのような存在意義を持ち、顧客にどう貢献していくかを掲げ、賛同する社員が共に力を合わせることを促す経営だ。社員一人ひとりの持ち味や能力は多様であるからこそ、経営理念や組織のビジョンに対する思いの一致がとても重要なのだ。優秀人材や、さまざまな専門性を持つ多彩な人材をいくら集めても、自社のパーパスへの不一致があれば組織として機能しない。

図表5-6 社内外のブランディングは表裏一体

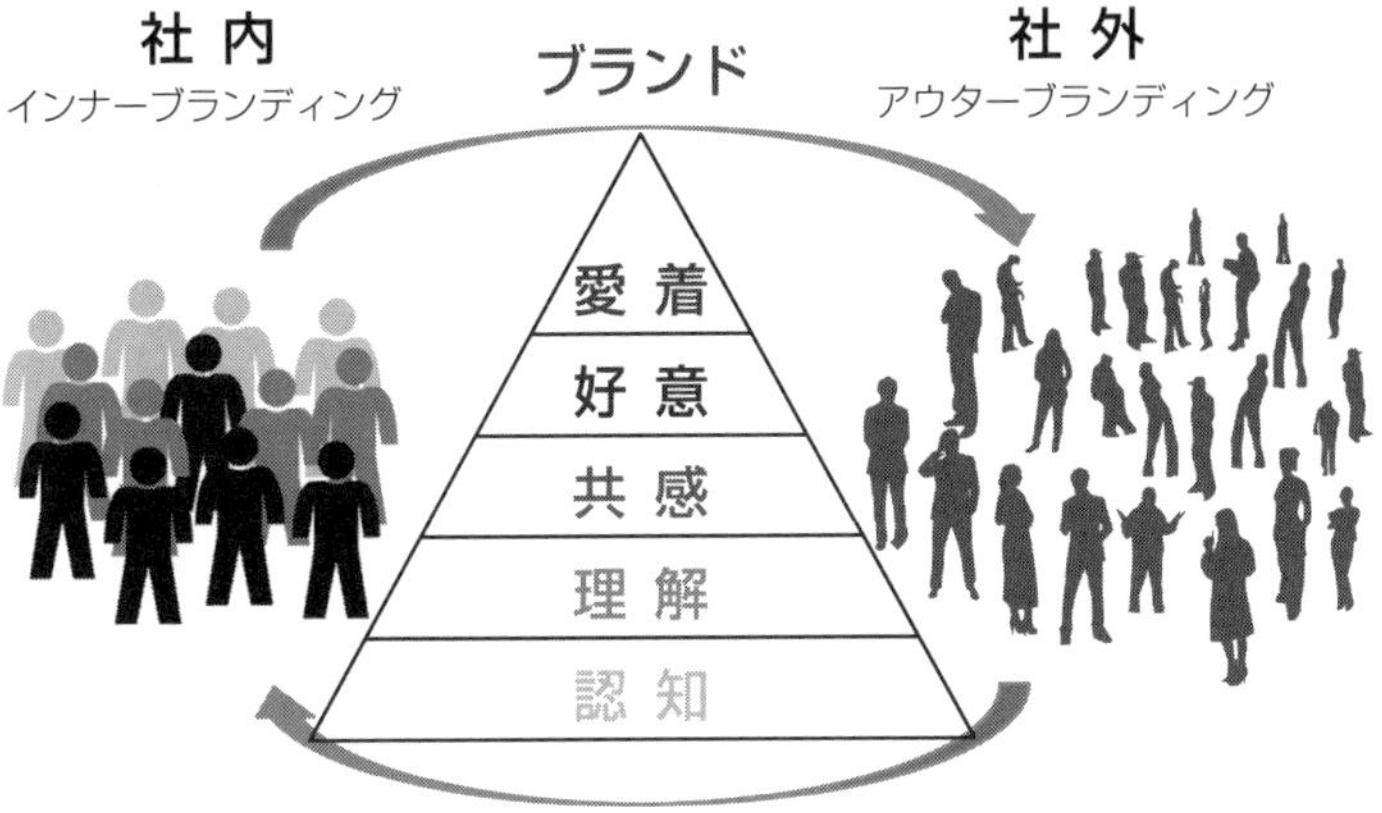

資料出所：筆者作成

経営者はダイバーシティを進める前提条件として、自社のパーパスをしっかりと定め直し、顧客や社会などに発信するアウターブランディングとともに、既存社員や新規採用者にも明示し浸透させるインナーブランディングも重視することが不可欠なのだ【図表5-6】。また、管理職は、自社のパーパスを自部門に置き換えると、どんな組織ビジョンになるか言語化し、自分の言葉で部下に語ることが大切になる。

マネジメントの新作法❷

バスに乗せる人と乗せない人の見極めも必要

ジェームズ・C・コリンズが著した『ビジョナリー・カンパニー』シリーズ（日経BP社）をご存じの方は多いと思う。そのシリーズ2『飛躍の法則』の中に「誰をバスに乗せるか―最初に人を選び、その後に目標を選ぶ」という印象的な章があり、次の一文がある。

「偉大な企業への飛躍をもたらした経営者は、まずはじめにバスの目的地を決め、つぎに目的地までの旅をともにする人びとをバスに乗せる方法をとったわけではない。まずはじめに、適切な人をバスに乗せ、不適切な人をバスから降ろし、その後にどこに向かうべきかを決めている」

これは一見、まず企業のパーパスを定め、社員と共有することと矛盾するようだが、そうではない。そもそもビジョナリー・カンパニーの特徴の一つは、組織の基本理念が全員に浸透しており、熱狂的な支持があることとされている。そうした組織づくりのための人選が重要ということだ。また同書の「適切な人材」とは、「規律ある人材」ともされている。すなわち、自分一人の成果や業績にのみ関心を寄せるのでなく、バスに同乗しつつ、基本理念（仕事の目的）に沿って互いに意見交換を繰り返し、適切な行き先（目標）を選び直し、皆で全力で取り組む。そうした規律にのっとれる人材だろう。

私は、さらに次の視点が大切だと考える。日本企業は長らくメンバーシップ型できたが故に、社員をかたくなに組織の色に染め、社内にとどめようとし過ぎる。人材の定着にこだわり、若手の離職防止にも躍起になりがちだ。しかし、変化の大きな時代、社員個々の志向やキャリアビジョンも多様であり、移ろいやすい。一時期は一致していた方向性も、個と組織の変化とともにずれていくこともあり得る。であるならば、互いに異なるバスに乗り換えることを認め合ってよいのではないか。転職、副業も前向きに捉えられるようになってきた現代において、退職は今生の別れではない。巡り巡ってまた共に働けるよう、元社員たちとつながり続けるアルムナイネットワークを結んでおくこともよいだろう。

ダイバーシティ経営を結実させるには、経営者や上司は、社員に対しパーパスやビジョンを伝えることを怠ってはならない。顧客や社会の変化を見通しながら、社員たちと侃々《かんかん》諤々《がくがく》の議論も繰り返しながら明確に言語化し、自分の言葉で語れるようにしておきたい。

目指すゴールイメージを共にする社員同士でこそ、組織のダイバーシティは大きな武器になる。多様な社員が互いの強みを活かし合い、弱みは補い合いながら、協働によるイノベーションも可能になっていくだろう。

第6章 人事・賃金制度

17 終身雇用・年功序列が安心して働ける？

終身雇用・年功序列を強みとしてきた日本の大企業

少々時代をさかのぼるが、アメリカの経営学者ジェームズ・アベグレンが、日本企業を分析して1958年に著したのが『日本の経営』だ。終身雇用、年功序列、企業別労働組合の「三種の神器」が日本的経営の強みであり、戦後の復興から高度経済成長を成し遂げた原動力だと指摘した。平成初期のバブル経済崩壊までの間、日本の大企業の長所として自他共に認めるものであった。

まず、終身雇用は、欧米型の仕事の細分化と専門人材配置によるジョブ型雇用ではなく、社員の仕事内容を限定せず、人事異動や転勤などで柔軟に活用し、顧客ニーズや産業構造の変化に弾力的に対応できるメンバーシップ型雇用が特徴である。新卒一括採用、社内教育、配置転換で、企業に必要な人材を息長く育成する仕組みが功を奏し、社員も企業も成長することができた。「就職」ではなく、「就社」であったわけだ。

年功序列は、社員には生涯にわたる雇用が見込まれ、年々給料が上がる安心感を得ることができた。世界的にも稀有《けう》な公的な皆保険・皆年金に加えて企業ごとの上乗せもあり、退職金まで支給するため老後の安泰を保障した。自身と家族の安心・安全が確保されたことで、少々過酷な役割や仕事であっても社命に従い、一所懸命に働くインセンティブが働いた。企業にとっても人材の離職などに頭を悩ませることが減り、人事・組織戦略を確実に実行することを可能とした。

終身雇用・年功序列の仕組みは、企業にとっても働く個人にとってもＷｉｎ－Ｗｉｎの関係であった。現在、大企業に勤める50代以上のミドル・シニアは、こうした日本型雇用の効用を信じ、入社した最後の世代といえるだろう。

マネジメントの非常識

スタートアップへの就職、大企業からの転職は収入がダウンする？

平成の30年間、業績低迷が続いた日本経済・企業の状況を背景に、この日本型雇用のマイナス面が指摘されてきた。近年は、第4次産業革命とグローバル化の中、グローバルスタンダードである欧米型のジョブ型雇用に転換し、年功賃金を見直し、優秀な若手人材を高額の賃金で獲得しようとする企業も出始めている。

とはいえ、伝統的な大企業の多くは、いまだ日本型雇用の名残が強いのが現状だ。転職市場も未成熟な日本において、ミドル世代は働き手としても、就活生や若手社会人を子に持つ親としても、終身雇用・年功序列が安心と考えがちだ。革新的なビジネスを短期間に成長させて利益を上げるスタートアップ企業の躍進も見聞きするが、その多くは経営基盤が弱く、給与も低く経済的不安がつきまとう。やはり、大企業で働くことが無難であり、転職しようものなら収入ダウンが必至と考える。

ところが、この認識はもはや常識でなくなりつつある。エン・ジャパンがミドル世代のための転職サイト「ミドルの転職」の35歳以上ユーザーを対象にした調査によると、76％

図表6-1 スタートアップ企業への転職意向

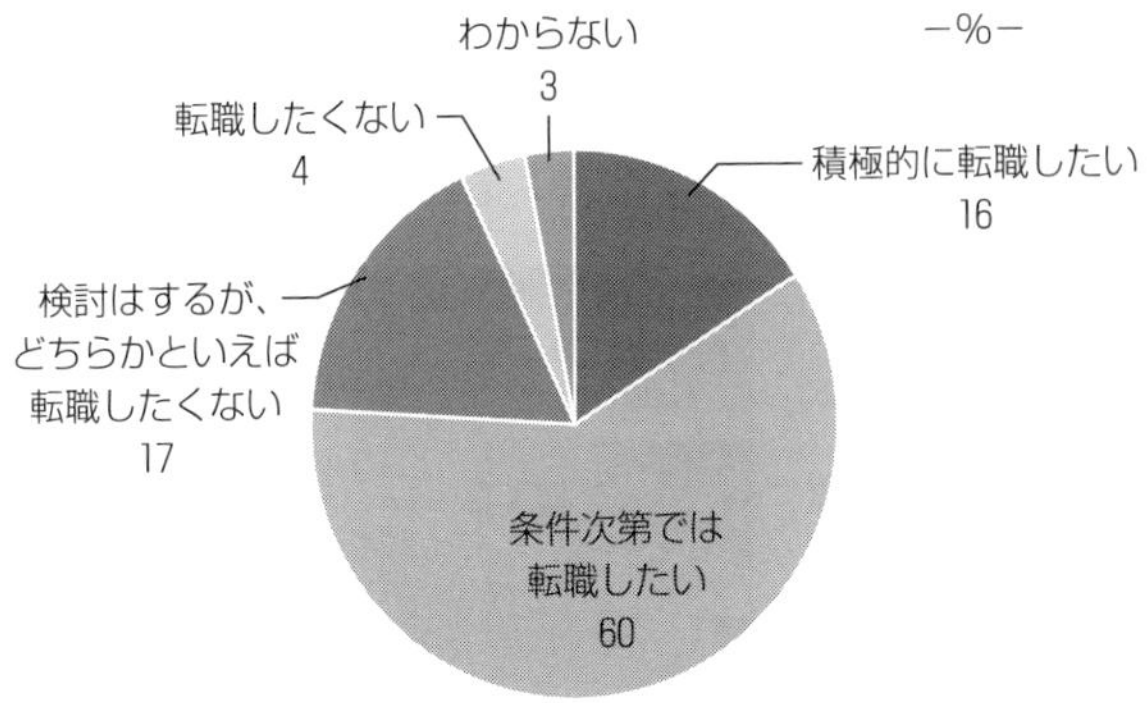

資料出所：エン・ジャパン株式会社「ミドル1000人に聞く！『スタートアップへの転職』実態調査」（2022年、［図表6-2～6-3］も同じ）

（積極的に転職したい16％、条件次第では転職したい60％）が「スタートアップ企業へ転職したい」と回答した**［図表6-1］**。中でも50代が最も転職意欲が高く、希望者の31％が「年収が下がっても転職したい」としているのだ**［図表6-2～6-3］**。

また、同社が転職コンサルタント175人に行った「『転職後の年収』実態調査『ミドルの転職』コンサルタントアンケート」（2022年）によると、回答者の77％が、「人材紹介サービスを通じたミドルの転職は年収が上がるケースが多い」と回答している。年収が上がる転職先の傾向は、業種では「IT・インターネット」や「メーカー」「コンサルティング」など、職種では「経営・経営企画・事業企画系」「技術系（IT・Web・通信系）」「営業・マーケティ

図表 6-2　年代別に見たスタートアップ企業への転職意向

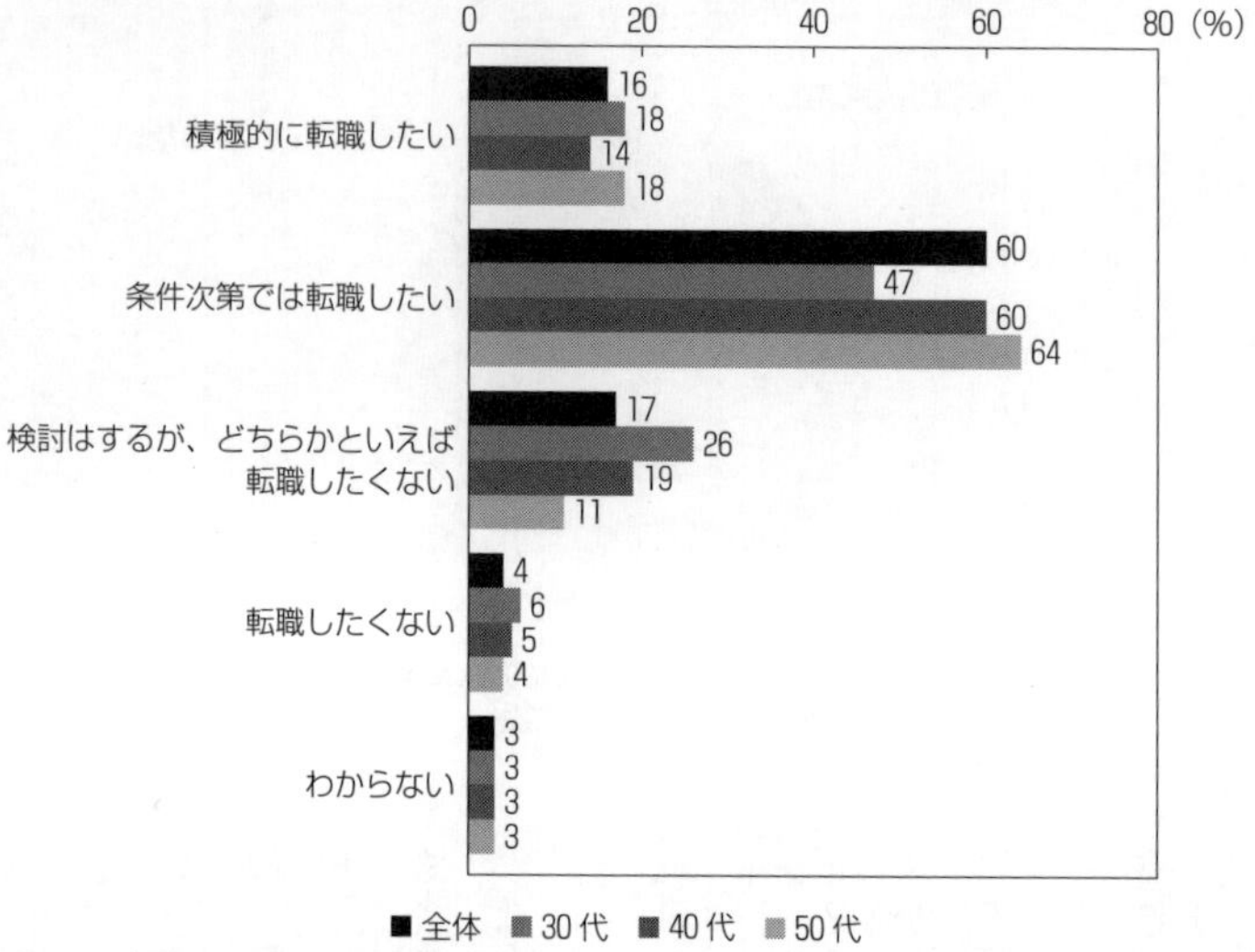

図表 6-3　転職したいと回答した人のうち、年収が低下した場合におけるスタートアップ企業への転職意向

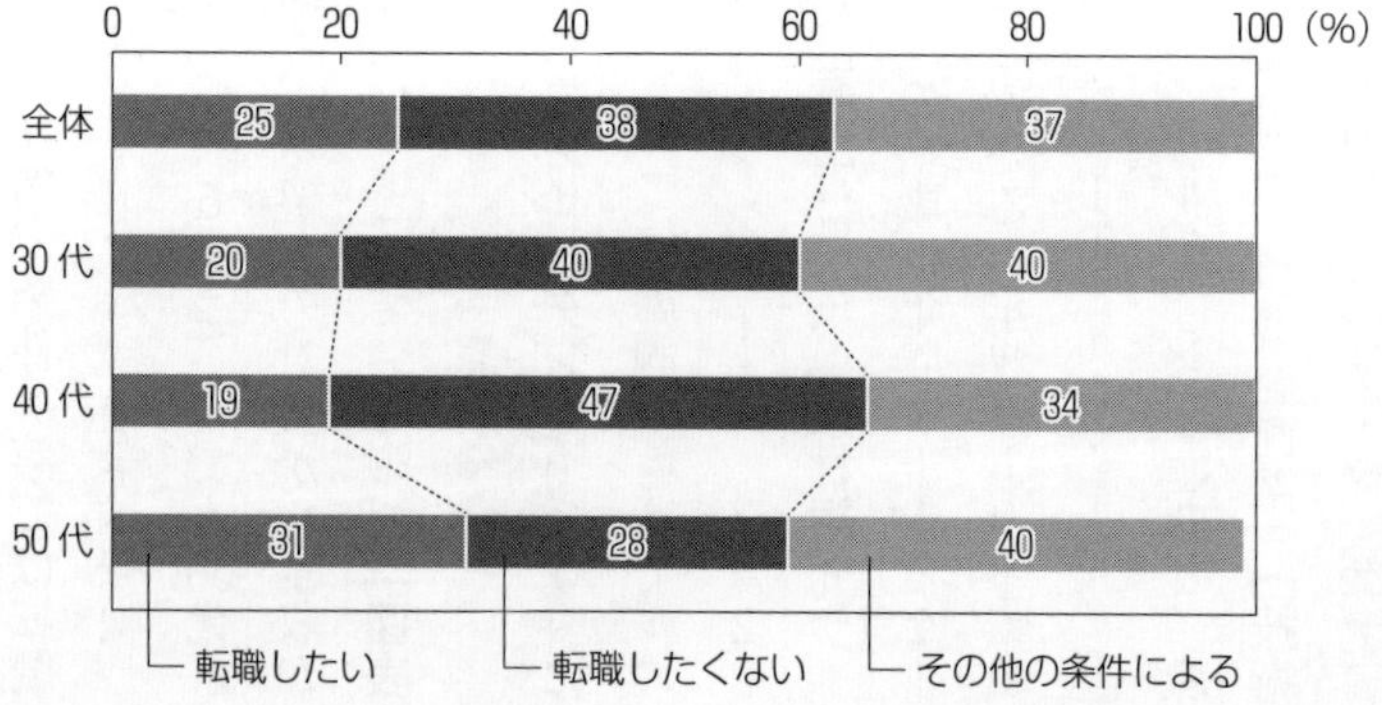

ング系」などとなっている。

以上の調査は転職サイト利用者向けだけに、若干割り引いて参照すべきだろう。それでも、ミドル世代の転職意識が変わり始めたことに着目すべきだ。「スタートアップへの就職や転職時の収入ダウン」との認識は、もはや常識ではなくなりつつあるのだ。

また、ビジネスパーソンとしては、大企業は夢を抱きづらくても給与が高い、スタートアップ企業は夢を抱けても給与が低いと考えるかもしれない。しかし、長引くマイナス金利政策やベンチャーキャピタル等からの支援も充実してきており、資金的に恵まれたスタートアップ企業も増えつつある。さらには、中高年が多いため、社会保険料の負担が重くなる中小企業が中心の全国健康保険協会（協会けんぽ）から離脱し、若者中心のスタートアップ健康保険組合を設立する動きも出てきた。つまり、夢も抱けて手取り給与も高いスタートアップ企業も普通の存在となりつつあるのだ。

マネジメントの新作法❶

寄らば大樹より、2～3年でどんな経験を積めるか

次に、Z世代と呼ばれる1996～2012年生まれの若者の意識にも注目したい。

リクルート就職みらい研究所の「就職プロセス調査（2023年卒）『2022年12月

図表6-4　就職先を確定する際に最も決め手となった項目（単一回答、上位10項目）

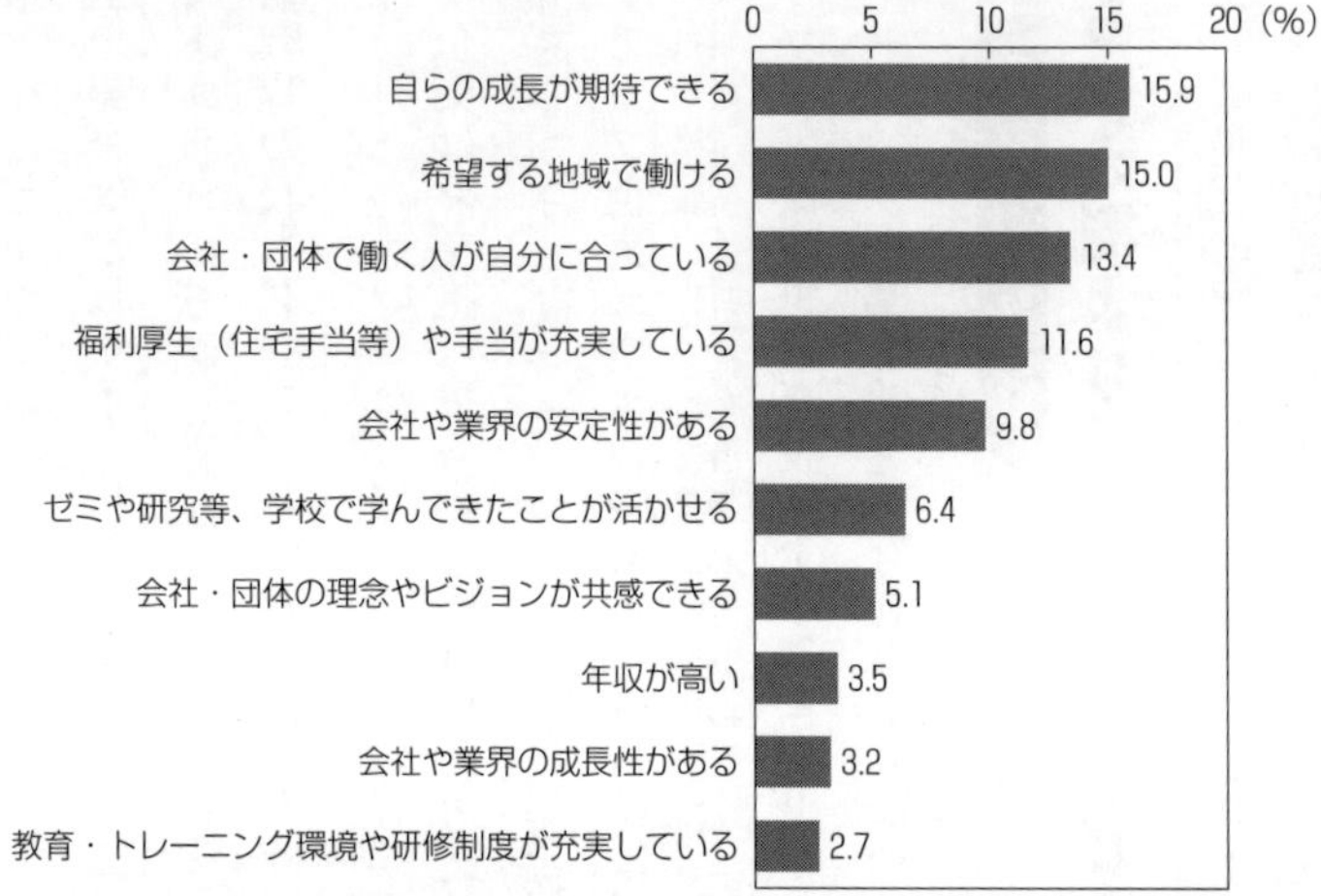

資料出所：リクルート就職みらい研究所「就職プロセス調査（2023年卒）『2022年12月１日時点　内定状況』」（2022年12月15日）

１日時点　内定状況』」（２０２２年12月15日）によれば、就活生が就職先を確定する際に最も決め手となった項目は、「自らの成長が期待できる」ことだ【図表６-４】。業界・企業の安定性や成長性、給与や福利厚生などの条件以上に、自分自身のキャリアを磨けるかに最も関心を持っている。もちろん、まだまだ「寄らば大樹」の安定志向が主流ではあるものの、企業を選ぶ傾向に変化が見られる。

　就職先企業への定着意識はどうか。リクルートワークス研究所が大企業の新卒３年目までの社員を対象に行った調査によると、「いつまで

図表 6-5 現在在籍する会社での継続勤務意向

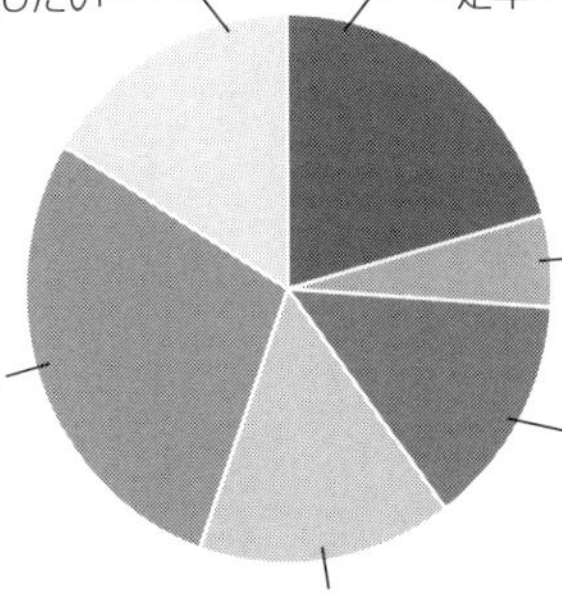

資料出所：リクルートワークス研究所「大手企業における若手育成状況調査報告書」（2022年）
［注］ 主な調査対象は従業員規模1000人以上の企業に在籍する大学卒・大学院卒の正規社員、新卒後入職から３年目までの者。

現在在籍する会社で働き続けたいか」との質問に、「定年・引退まで働き続けたい」は20・8％にとどまった。最も多かったのは「2・3年は働き続けたい」28・3％。「すぐにでも退職したい」も16・2％いる【図表6-5】。

大企業で働く若者の3割近くが、現在の会社にとどまるのは2～3年と考えており、全体の約7割が10年以下と考えている。

若者にとって、就職先企業で2～3年の間にどれだけの経験が積め、成長できるかが重要になってきている。企業人事が求める自律意識の高い若者ほど、その企業が自分のキャリアにとって有意義な経験を提供してくれなけれ

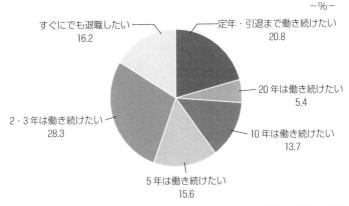

ば、自分を磨くために転職や起業に躊躇《ちゅうちょ》しないというわけだ。

マネジメントの新作法❷

終身キャリア自律、キャリア自律支援マネジメントへ

以上を踏まえ、経営・人事側、部下をマネジメントする上司側も人材の定着と育成に、新作法で臨まなければならない。すなわち、人材戦略を「終身雇用」から「終身キャリア自律」へ、マネジメントは「キャリア自律支援」へ転換することが必要だ。

それには第一に、上司自らがキャリア自律を果たすことが大前提となる。会社都合の人事・処遇を当然とするのではなく、自らのキャリアビジョンを描き、そのために今の仕事を意味づけしたり異動を願い出たりして、成長し続けることが求められる。定年後のセカンドキャリアにも希望を持ち、部下や後輩にバトンを渡しながら、新境地を開き続ける気概を持つことだ。自らのキャリアにワクワクした展望を持たない上司が、部下のキャリアを支援していくことはまず難しい。

第二に、部下には、社内のみで通用する人材にとどめるのではなく、社外でも通用するプロフェッショナルとしてのキャリアを身に付けさせるために、多様な仕事の機会を与えることだ。現在の仕事を通して、どのような能力を磨き、どのような道を経て働きがいの

あるキャリアビジョンを実現できるのか、という観点で支援することが大切となる。それには部下一人ひとりのキャリア意識を傾聴し、内省を促してキャリアビジョンを明確化してもらい、組織目標と共にキャリアビジョンの実現につながる仕事を任せ、伴走していくことが求められる。

個と組織が共に成長する機会は、上司の創意工夫でさまざまに考えられるはずだ。新たなプロジェクトづくりや、部署連携の協働、社内外での副業・兼業の奨励や出向も良い機会になる。実務を離れた自己啓発を支援し、一人ひとりの経験の幅を広げることもできるだろう。

そのためには、何よりも上司自身のキャリア観と育成観の変革が鍵を握っている。

18

成果には賃金などの金銭的インセンティブで報いるべき？

成果を出した人に対してお金で報いる動きが活発化

日本企業においても、年功型賃金から成果型賃金への流れが進行している。日本生産性本部の「第16回 日本的雇用・人事の変容に関する調査」（２０１９年）には、バブル経済崩壊後約20年間の賃金制度導入の推移が示されている【図表6-6】。終身雇用と年功序列を特徴とする日本型雇用の賃金制度の見直しが進み、仕事の重さを反映した役割・職務給の導入率が上昇。２０１９年3月時点で、管理職層78・５％、非管理職層57・８％と、高まりを見せている。

その後、２０２０年からのコロナ禍に伴いリモートワーク導入企業が急増。仕事のプロセスが把握しづらいため、成果重視にシフトする傾向が強まった。グローバル化の流れとともに、職務要件を明示したジョブ型へのシフトが一段と進み、連動して成果型賃金への

図表 6-6 賃金制度の導入率の推移

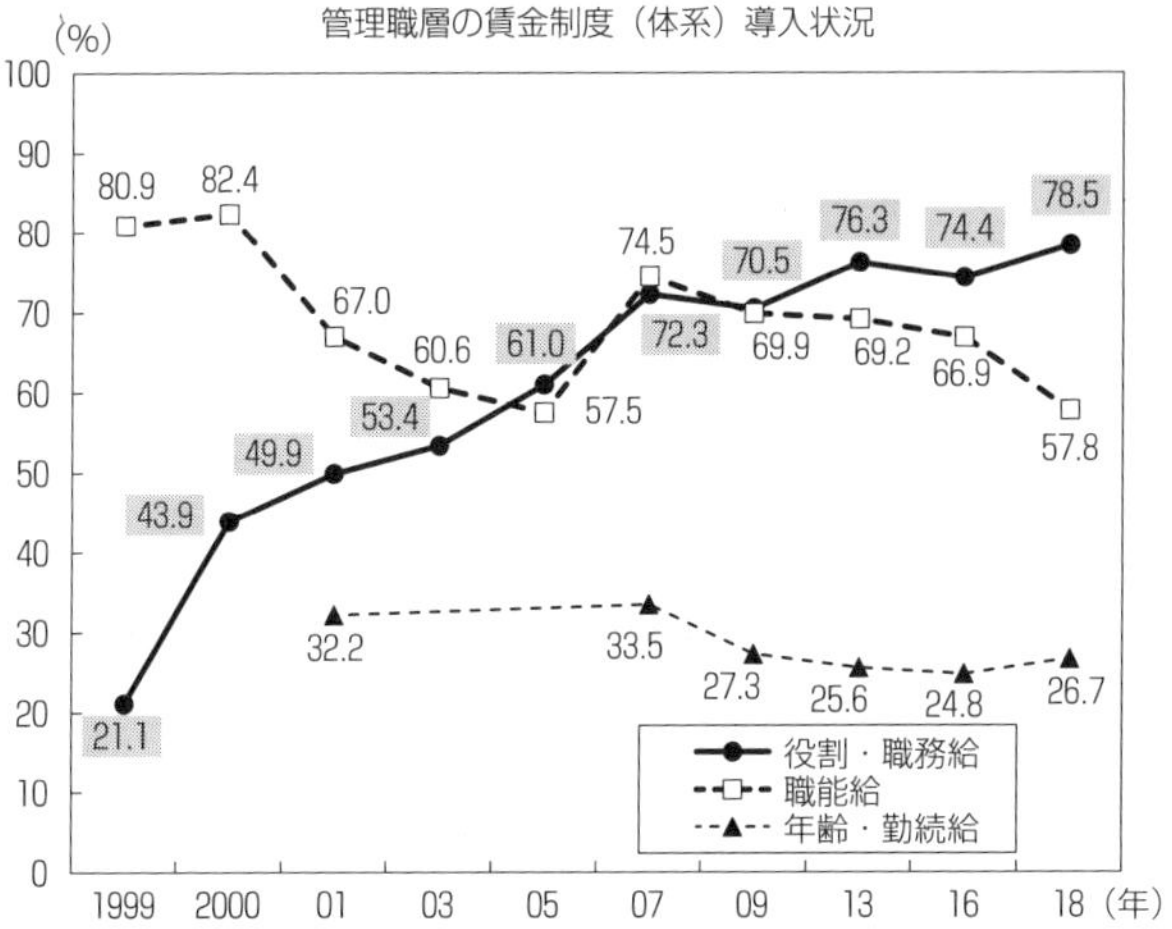

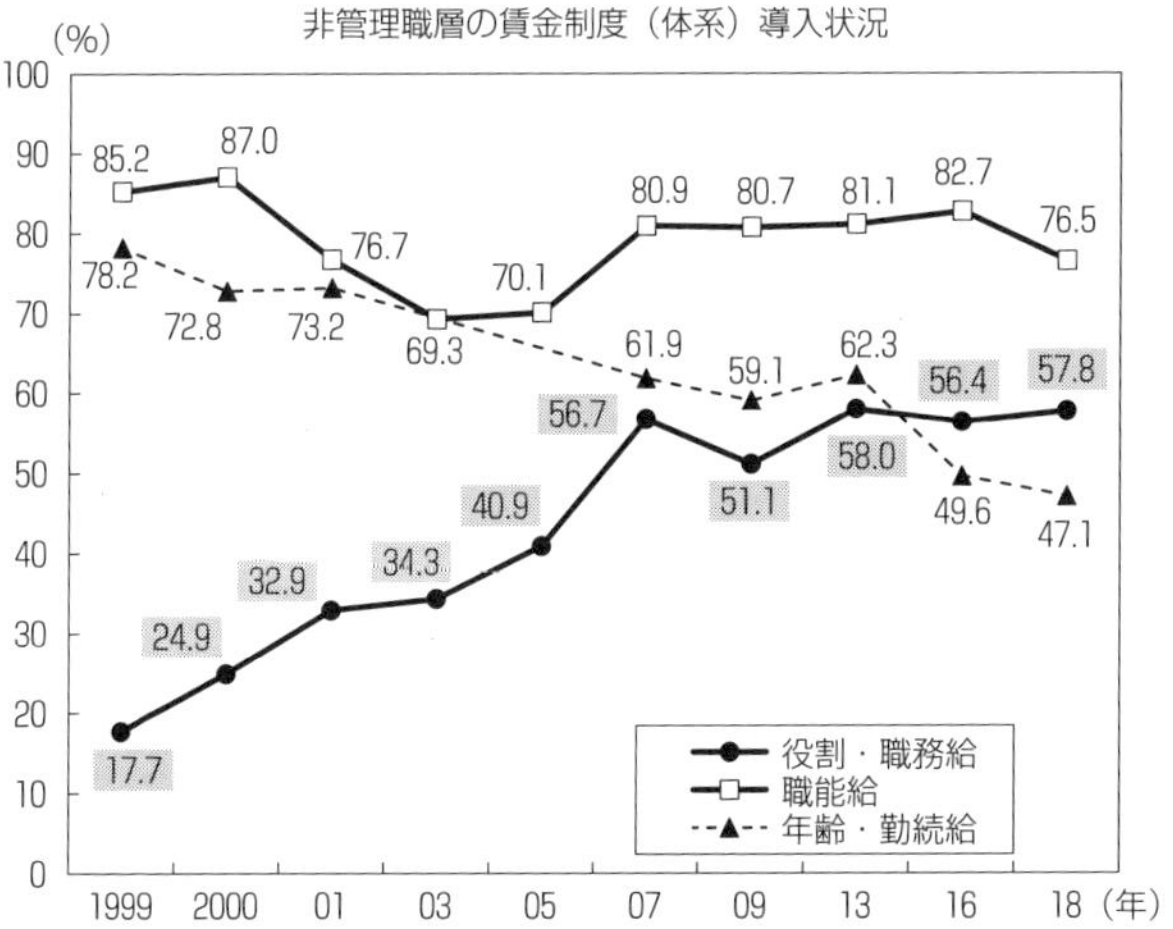

資料出所：日本生産性本部「第16回 日本的雇用・人事の変容に関する調査」（2019年）

移行がより活発化していると考えられる。

実際、日本型雇用の代表例であった大企業が続々とジョブ型の人事制度を導入。ジョブ型イコール成果主義ではないが、成果を出した人に対してお金で報いる仕組みに連動しやすい。2023年には賃上げラッシュの波が訪れ、金銭的報酬で社員の動機づけを図る賃金制度への流れは加速していくことが見込まれる。

マネジメントの非常識

人は金銭的インセンティブで頑張るもの？

こうした企業の動きの理由は、ある意味シンプルだ。仕事の成果に応じた金銭的インセンティブを与えることで、人はさらに大きな業績達成を目指して仕事に励むと見込むからだ。また、能力や向上心が高い人ほど、自分の能力が正当に評価され、昇進・昇格を果たし、評価に見合った金銭的報酬を得てモチベーションをより高めると考えるのだ。

これはあまりにも当然であり、疑問すら起きないかもしれない。だが、金銭など外的報酬が与えるリスクを示した、内発的動機づけの研究で著名なアメリカの心理学者エドワード・L・デシの実験がある。

デシは、大学生を二つのグループに分け、それぞれに同じパズルを完成させる遊びを促した。両グループ共、パズルで遊ぶ楽しみに興じたが、途中から一つのグループに、課題のパズルを完成させれば報酬を与えることにした。その結果、報酬を期待したグループは、より熱心にパズルに取り組んだ。しかし、さらに途中でこのグループの報酬を打ち切ると、パズルへの関心を一気に失った。一方、終始報酬なしだったグループは、ずっと一定の熱心さでパズルを楽しみ続けた。すなわち、純粋な関心や興味など内発的動機づけによる行動も、途中で金銭という外的報酬を加えると内発的動機づけが阻害され、外的報酬に従属してしまうのだ（エドワード・L・デシ著、リチャード・フラスト著、桜井茂男監訳『人を伸ばす力　内発と自律のすすめ』新曜社、１９９９年）。

よって、仕事の成果に応じた金銭的報酬を与える方法は、短期的には社員のモチベーションを向上させるかもしれない。しかし、仕事が報酬を得るための手段と化し、より高報酬を志向するようになりがちだ。そして、報酬が伸びず下がろうものなら、仕事への意欲を失う。アメを与えて働かせれば、結局アメを多く与え続けるしかない。これでは、持続可能な働き方にはならない。では、どのように考え直すべきだろうか。

マネジメントの新作法❶

“自律的に考え行動した働き”を振り返らせよう

私が前職でITエンジニアのキャリア支援サイト「Tech総研」の編集長だった時の印象深いエピソードを紹介しよう。ITの現場で働く人たちへの取材の中で、業績評価による金銭的報酬とモチベーションが単純な相関関係にはないと知ったのだ。

業績評価が良く、ボーナスも増えるのに、あまりモチベーションが上がらないITエンジニアたちがいる一方、不可思議なことに、業績評価は芳しくないのに、やる気に満ちあふれているITエンジニアたちがいたのだ。

インタビュー対象のITエンジニアに共通していた点は、専らクライアント企業に常駐して働き、上司と職場が一緒でないことだ。日常的に上司に仕事ぶりを見られる機会がなく、評価は自分が担うシステム開発業務の節目の結果による場合が多い。そのため、上司に高評価を受けた部下でも「たまたま業務の節目で高い成果が出ただけ」「プロセスを見ずに、結果だけの評価は、あまりうれしくない」と言うのだ。

一方、業績評価が低いのにやる気に満ちあふれたITエンジニアたちの典型的な声は、次のようなものだった。「確かに今期の評価は非常に厳しく、昇給も難しい。でも自分で納得した目標に対し、自分が考えたやり方の結果だ。常々、上司とよくコミュニケーションが取れている。目標に届かなかったのは事実なので、評価には納得している。その上で、この学びを来期にどう活かすか上司としっかり話し合ったので、来期は挽回したい」。

すなわち、大切なのは報酬水準の高さ以上に、上司の評価にいかに部下が納得できるか、言い換えれば、評価の前後に上司が部下にいかに関わるかだったのだ。上司が部下の仕事に関して期初の目標設定と進め方を部下自身に考えさせ、納得と合意の上で部下に任せる。その上で、終えた仕事の出来栄えが、高く評価されて高い金銭報酬を受けようが、悪い評価となり低い金銭報酬になろうが、部下の成長の視点から下したものと部下に伝わるなら、部下は納得するということだ。重要なのは、現時点の評価を踏まえ、今後どうするかを上司と部下が共に考えること。そして、上司は部下の働きがいと成長の支援者であると部下に感じさせることだ。部下が自律的に考え行動した働きを振り返らせ、部下自身の成長の糧にすることが、上司の大切な役割である。

マネジメントの新作法❷

部下を信じて仕事を任せ「成長マインドセット」を育てる

アメリカの心理学者キャロル・S・ドゥエックは、自身の20年来の研究を踏まえ、人の成長を考える際に、その人自身の心の持ち方（マインドセット）の違いが成長力を大きく左右すると主張した。「人の能力は石版に刻まれたように変わらない」と信じる人を「固定マインドセット」とし、「人間の基本的資質は努力しだいで伸ばすことができる」との信念を持つ人を「成長マインドセット」とし、このマインドの違いが本人の成長を変えるとした。

固定マインドセットの人にとって能力は固定的。故に、自分の賢さ、才能、価値を実証できれば成功だが、つまずいたら失敗だ。落第点を取る、試合に負ける、会社を解雇される、人から拒絶されるなどは、すべて能力や才能がない証拠。挫折と同様に努力さえも忌まわしい行為だ。なぜなら、そもそも能力が高ければ努力や苦労の必要はないからだ。固定マインドセットの人が失敗や挫折を経験すると、「自分は完全なダメ人間」「負け犬」「価値のない最低の人間」などと感じ、自分の限界だと諦める。そして、無力感に陥り、再起・成長のための努力や工夫を放棄しがちだというのだ。

一方の成長マインドセットの人は、持って生まれた才能、適性、興味、気質は一人ひとり異なるが、努力と工夫を重ねれば誰でも大きく伸びていけるという信念を持っている。失敗とは成長の努力が足りなかった結果。だから、うまくいかないときには、それはなぜか、どうすればうまくいくか、そのために自分はどうすべきかを粘り強く考える。こうして成長マインドセットの人は、さらにチャレンジを重ね、人生の試練を乗り越える力を発揮して、より成長していく。

ドゥエックは、さらに親などの支援者や教師などの教育者が、まず成長マインドセットであることが大切だとする。「人は変われる」という信念を持ち、相手の成長を信じることだ。そして、相手の内省を促しながら、相手自身が成長マインドセットを持続できるように支援することが大切となる（キャロル・S・ドゥエック著、今西康子訳『マインドセット「やればできる！」の研究』草思社、2016年）。

以上、デシやドゥエックに学ぶべきは、部下への金銭的報酬以上に、本人の働きがいと成長を支援することによる内発的動機づけが重要であるという点である。

19 優秀な若手人材は、高給で採用するべき？

新卒年収1000万円も。年収は20代で微増、40～50代は大幅減

近年、大企業を中心に、高度なIT人材やグローバル人材の獲得競争が過熱し、高額な給与で優秀な若手の採用に乗り出す例も出ている。

ある大手IT企業は、新卒人材に年収1000万円を支給する人事制度を導入。当初は研究職が対象だったが、今後はさらに幅広い職種に同様の採用を広げていくとのこと。同社トップは、「ジョブ型が進むと新卒・中途採用共に年齢にかかわらずジョブによって報酬を決めることになる。これが世の中の大きな流れだ」と述べている。

また、ある大手サービス企業も、新卒採用から一部に能力に応じた給与制度を導入。デジタル技術などの専門人材に対し、大卒1年目から年収1000万円以上を支給する可能性があるとして話題となった。終身雇用・年功序列による日本型雇用の代表格であった企

業で、給与制度が激変しつつある。

日本企業全体の流れを確認するために、厚生労働省「賃金構造基本統計調査」の大学卒・男性労働者の標準労働者（学校卒業後直ちに企業に就職し、同一企業に継続勤務しているとみなされる労働者）に焦点を当てて世代別の賃金（企業規模計）の推移を見ると、2002年と20年後の2022年の平均年収を比べて、20代が365万6000円から389万1000円となり、23万5000円とわずかながら増えているのに対し、40～50代では936万4000円から849万円へと87万4000円も減っている。給与水準は20代で増え、40～50代で減っていることが見て取れる。

平成の30年間、日本企業全体の給与は上がっていないといわれるが、その中身はミドルの給与を抑制しつつ、若手へとシフトしてきた傾向が現れている。メンバーシップ型の年功型賃金から、年齢や勤続年数（経験）にかかわらず、仕事や能力にウエートを移し、最近では職務に応じて支払うジョブ型を意識し、制度を見直す動きも進みつつある。結果として、優秀な若手を高給で迎える例も出始めてきた。

マネジメントの非常識

高額給与は大きな働くインセンティブ？

若手世代の側も、もはや日本企業の終身雇用・年功型賃金の仕組みが瓦解《がかい》しつつあることは察知している。正確には、年功型賃金のパラダイムを知らない。そこで企業側は、優秀な若手の採用に当たっては、高額な給与でしっかり報い、インセンティブを高めることが重要との認識を強めている。しかし、それは絶対的に有効なのだろうか。

先日、大手IT企業の経営者から、次のような悩みを打ち明けられた。熾烈《しれつ》なグローバル競争に勝ち残るべく、ICTやAIなど最先端知識を持つ若手人材を、通常の給与体系とは別建てにして年俸1000万円で募集した。しかし、結果として即戦力人材は採れなかった。理由はシンプルで、海外の大手IT企業は、その2〜3倍の報酬で募集をかけていたからだ。さらに悩ましいのは、既存の社員から不満が噴出しモチベーションが低下するなど、職場の空気の悪化に悩んでいるという。

すなわち、高額な給与での人材獲得競争に本気で臨もうとするなら、既存社員も含む全社的な給与制度改革を考慮しなければならない。また、グローバルでの待遇競争に打ち勝つには、年収1000万円でも不足する事態への準備もいる。昨今の円安基調が続けばなおさらだ。企業にはこうした覚悟が必要だが、果たして対応可能なのだろうか。

また、幸いにも意中の人材が採用できたとしても、給与の高さで選ばれた企業は、より給与の高い企業に人材を奪われるリスクも覚悟しなければいけない。高度人材の獲得競争では、より財力のある企業がさらに高い条件で社員の引き抜きを狙うからだ。高額な給与に惹《ひ》かれた社員は、当然、さらに高待遇の企業に転職する可能性が高いだろう。

給与を働くインセンティブの優先順位の上位に位置づけるならば、「金の切れ目が縁の切れ目」の経営に陥るリスクがあるのだ。

マネジメントの新作法❶

「働きやすさ」から「働きがい」へ

そこで、働く人の動機づけについて考えてみよう。

【図表6-7】は、アメリカの心理学者フレデリック・ハーズバーグが提唱した「動機づけ・衛生理論」を基に筆者が加筆して「働きがい」と「働きやすさ」の関係を表したものだ。ハーズバーグは、職場の労働環境、労働条件、人間関係、給与等を「衛生要因」とした。いわば「働きやすさ」を整えるものだが、これらをいくら充実させても、働く個々人の不満足は減るものの、満足を増やすことは難しいとされる。また、一度得た権益に人は

図表6-7　「働きやすさ」の整備から「働きがい」の創出へ

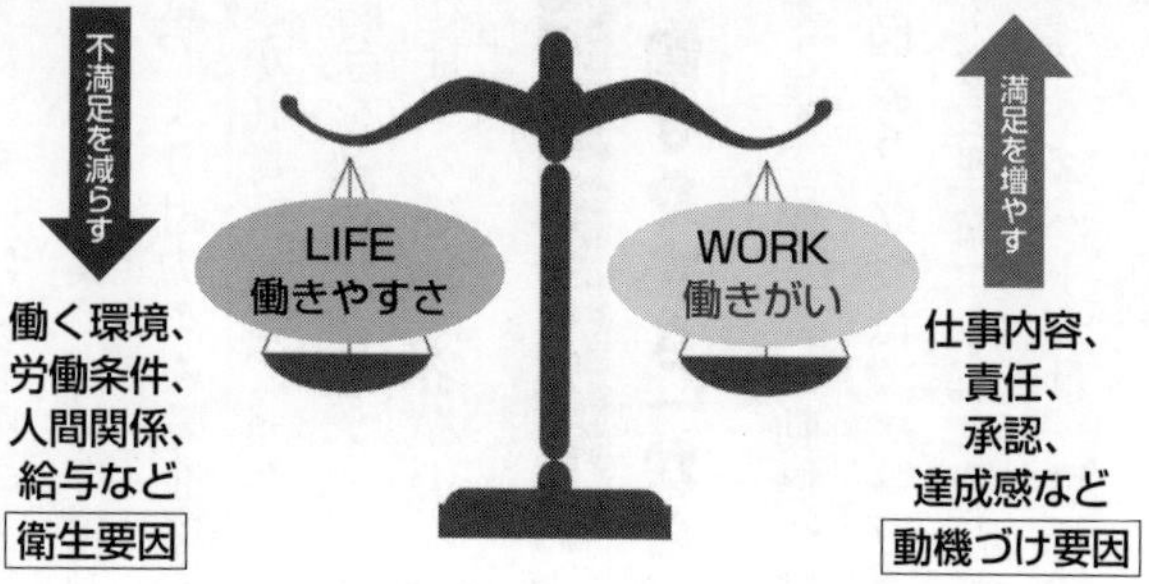

資料出所：フレデリック・ハーズバーグの二要因理論（動機づけ・衛生理論）を基に筆者作成

すぐに慣れてしまい、これが低下すれば不満を強く感じる傾向がある。高給で採用した人材のモチベーション維持に当たり、考えさせられる点だ。

　これに対し、仕事内容そのもの、責任、顧客や同僚・上司からの承認、達成感などを「動機づけ要因」とし、これらが増せば仕事の満足度は高まるとした。つまり、「働きがい」が向上するのだ。

　高額な給与や福利厚生を含む待遇アップ、また近年進められている長時間労働の是正や年次有給休暇の取得促進などの働き方改革も「衛生要因」の改善といえる。しかし、より重要なのは「動機づけ要因」だ。「働く」とは、文字どおり「人のために動く」こと。そして「働きがい」とは「人のために動く喜び」だ。顧客満足や社会への貢献を目指す仕事に使命感と責任感を持って主体的に打ち込むことが、価値のある仕事を創り出し、「働きがい」を得ること

図表6-8 「やる気」の構造を理解する

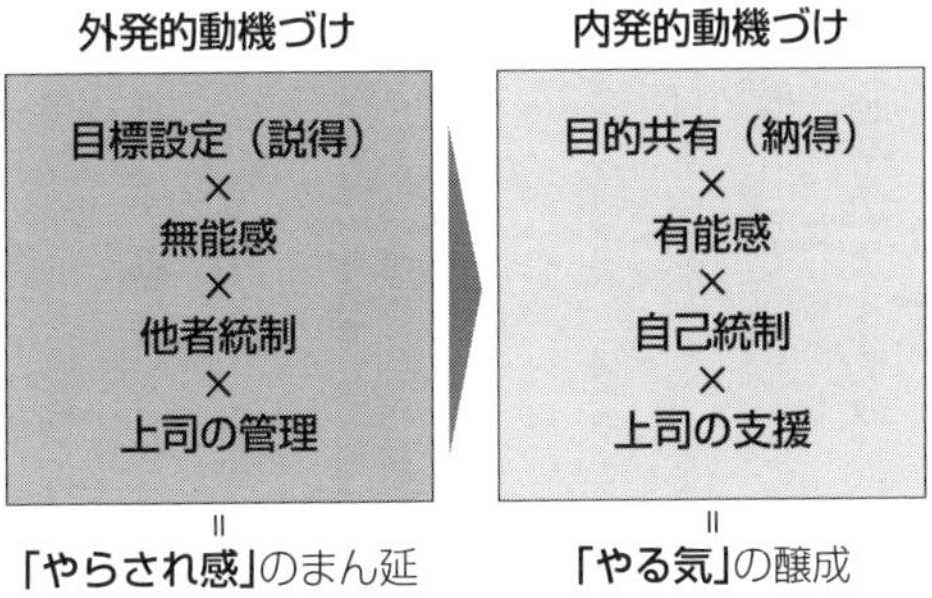

資料出所：エドワード・L・デシの理論を基に筆者作成

に結び付く。

では、社員の働きがいを創出し続けるためには、どうすればよいか。これには、アメリカの心理学者エドワード・L・デシが提唱した「内発的動機づけ」に着目したい。【図表6-8】は、その理論を筆者なりに意訳し加筆したものである。

人の動機づけには「外発的動機づけ」と「内発的動機づけ」の2種類がある。外からのアメとムチで「やる気」を高めようとするのが「外発的動機づけ」である。仕事に当てはめるなら、組織が設定した目標を部下に申し渡し、一方的に説得して実行させる場合だ。部下は納得のいかない目標を前に無能感を持ち、他者（組織）による統制と上司の管理によって「やらされ感」がまん延する。

これに対し、大切にしたいのが、デシが主張した自分の内面から「やる気」が高まる「内発的動機づけ」

である。まず上司は部下と業績目標の上位概念となる仕事の目的をしっかり共有し、納得感を持たせる。その上で目的実現に向けた目標と行動計画を部下自らが立てることを促し、有能感（自分にできるという自信）を持たせる。デシは、この有能感と自己統制が内発的動機づけに重要であると主張する。そして、部下の自律的な仕事ぶりを見守りながら、要所要所で必要な支援を行う。こうして部下は内発的に動機づけられ、「やる気」が醸成されるのだ。

マネジメントの新作法❷

組織ビジョンと仕事の機会で働きがいを高めよう

以上を踏まえ、優秀な人材の採用と活躍に向けて、有効なインセンティブを高めるためには、日本企業がこれまで培ってきた二つの長所を活かすことが大切である。

第一は、一人ひとりの社員が、自社の経営理念やビジョンに誇りを持ち、日々の仕事を貴重な自分の人生の時間を費やすだけの価値あるものと考え、働きがいを実感できるようにすることだ。現代は、貧困や格差拡大を前に、アメリカの主要経済団体であるビジネス・ラウンドテーブルですら株主至上主義の見直しを表明している。日本企業は、もともと「三方よし」（売り手よし、買い手よし、世間よし）の考え方に象徴されるステークホルダー重視の経営が特徴である。近年ＳＤＧｓやＥＳＧ投資が注目される中で、優秀な若手ほど社会貢献意識が高く、企業の社会的な姿勢に敏感だ。未来を担う世代が将来にわたって働きがいを持ち続けられる企業と評価されることが、良い人材を惹き付ける条件になるのだ。

第二は、日本企業の強みであった、経験値のない若者を一人前に育てる企業内人材育成に磨きをかけ、仕事を通じて人が育つ現場をより強固にしていくことである。私は大学で教壇に立って10年以上になるが、優秀な学生や新社会人の若者たちは、高い給与が得られるのは喜ばしいものの、それが将来にわたって保障されるとは考えていない。たとえＡＩに長《た》けた今の自分は１０００万円の高給を得られたとしても、その知識や技術が陳腐化してしまえば、リスキリングできていない中高年人材と同様、たちどころにリストラされることに気づいている。だからこそ、人生１００年時代に長く働き続けるために、常に自分の市場価値を向上させることが大切だと感じている。そのため、仕事を通して成長し続けられる会社や仕事に就くことが重要だと考えているのだ。

組織の掲げる魅力あるビジョンと成長できる仕事の機会で、働きがいを提供し続けられること。優秀な若手の獲得と定着のためには、この点にこそ注力すべきだ。

20

役職定年制度は必要？

若手の抜擢、新陳代謝のために定着した役職定年、定年再雇用

労務行政研究所の「人事労務諸制度実施状況調査」によると、企業における管理職・専門職の役職定年制の実施率は、この10年の間、30％前後で推移している【図表6-9】。そして、役職定年の年齢は、課長では55歳（35・9％）、部長では58歳（28・8％）が最多となっている【図表6-10】。

高年齢者雇用安定法の改正によって、2021年から企業には社員を70歳まで働けるようにするための措置（就業機会確保）を設けることが努力義務となった。人生100年時代、社員の就業継続年齢も60代から70代へとさらに伸長していくだろう。

この流れは、仕事の機会を通じた若手社員育成の上では悩ましい課題を生む可能性がある。年功序列から脱却し、30～40代はもとより、20代でも能力次第で管理職に抜擢《ばってき》しよう

図表 6-9 役職定年制の実施率

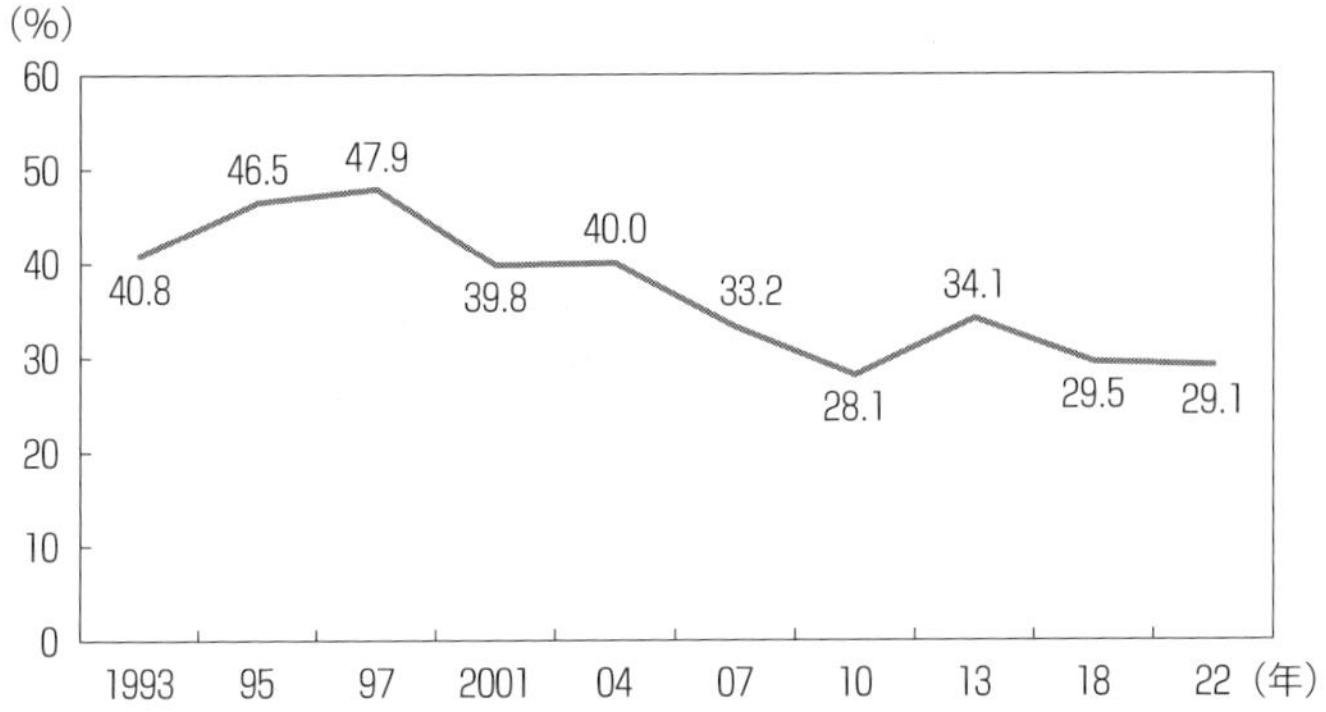

資料出所：労務行政研究所「人事労務諸制度実施状況調査」
[注] 2013年までは「管理職定年制・離脱制」という名称で調査していた。

図表 6-10 部課長における役職定年の年齢

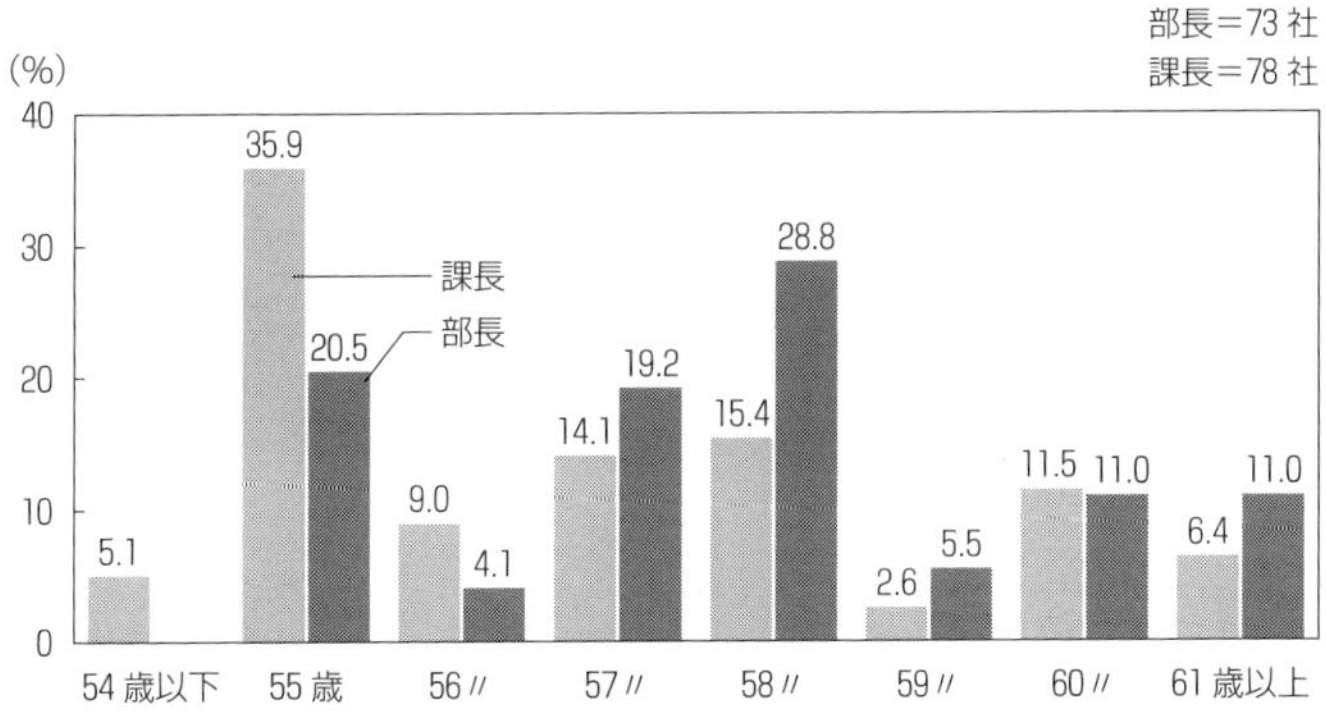

資料出所：労務行政研究所「人事労務諸制度実施状況調査」(2022年)

とする企業が出始めた昨今。企業が飛躍・成長を続けポストが次々と生まれる状況でなければ、中高年層の管理職登用は厳しくなり、役職定年を前倒ししてでも、組織の新陳代謝を促そうとする気運が高まるかもしれない。また、労働力人口の高齢化で中高年層の比率が増える中、総額人件費の膨張を抑えることも必要となってくる。その結果、役職定年制度が引き続き重要と考える企業も少なくないのではないだろうか。

マネジメントの非常識

やはり役職定年制度は必要？

役職定年制度は今後も必要なのだろうか。これを考える上で、まず役職定年制度が生まれた経緯から見てみよう。

役職定年の年齢は、50代半ばに置かれていることが多い。これは昭和の時代に、雇用慣行として社員の定年年齢を55歳に定めていた企業が多かったことに由来すると考えられる。法定の定年年齢は、60歳定年が１９８６年に努力義務となり、１９９８年に義務化された。さらに65歳までの雇用確保に関しては２０００年に努力義務となり、２００６年に義務化された。そもそも昭和の時代に生まれた年功型賃金では、若手のうちは賃金が低く抑えられ、55歳定年時まで徐々に高くなっていくように設計されていた。ところが法律により定年年齢が延長されて、55歳以降も賃金を上げ続けると、人件費の膨張が起こってしまう。そこで本来想定していた以降の年代については給与を下げるために、55歳前後の役職定年や、60歳からの雇用は嘱託契約によって対応する等の処遇が生まれたというわけである。

昭和の55歳定年の頃は、管理職も定年と同時にポストオフとなることが自然であったため何ら問題はなかった。しかし、法対応のために徐々に上がる定年年齢に合わせて、単に高年齢の役職者を据え置くわけにはいかない。若手や中堅社員の限られたポストへの管理職登用が遅れ、モチベーション低下につながり、組織の新陳代謝も滞る。だからといって部下なしの名ばかり管理職を増やし、人件費を膨張させるわけにもいかない。苦肉の策として、旧来の定年年齢を役職定年の年齢とし、その後はポストオフや再雇用などにつなげてきたのだ。

しかし、その結果の不都合も生じてきた。ポストオフや再雇用になった中高年社員の社内での位置づけが難しく、本人たちのモチベーションも低下傾向。これまで課長や部長などの役職がアイデンティティーであった人ほど、肩書をなくした喪失感はより大きい。覚悟していた人であっても、プライドを傷つけられ、働く目的や目標を失ってしまうのだ。

こうして、いわゆる「働かないおじさん」問題が生じてくる。その裏返しが年上部下を持つ上司の悩みだ。かつての自分の先輩や上司を部下に持った場合の、マネジメントのストレスは大きい。役職定年制度は、こうしたジレンマも抱えているのだ。

高齢化に沿って年金支給年齢の繰り下げなどを伴いながら、高年齢者が働けるようにする年齢が徐々に引き上げられてくると、企業にとって、これまでのように〝つぎはぎ〟の人事制度では、もはやもたない。私は、ここで役職定年の是非を問う前に、人事制度の根本的な見直しが必要だと考えている。本書の第1部で、これまでに述べてきた内容をまとめる意味も込めて、以下で考察したい。

マネジメントの新作法❶

メンバーシップ型とジョブ型のハイブリッド人事制度で人を活かす

もはや、多くの日本企業が終身雇用を維持することが困難なことは明らかだ。そして、人事制度の大きな流れはメンバーシップ型からジョブ型へ、賃金制度も年功型から成果型へと変化しつつあるといえよう。

しかし私は、日本企業が欧米型雇用へ安易に同調することに疑問を持っている。バブル経済崩壊以降、業績向上を目指す多くの日本企業が欧米流の成果主義やタレントマネジメントなどの導入を試みながらも、大きな成果を得られなかったことが平成の30年来の総括だったと考えるからだ。企業経営者は、日本型雇用が見直しを迫られている現状はしっかり認識しつつも、強みとして何を残し、課題として何を改革すべきかを冷静に考える必要があるだろう。

日本企業が残すべきことは、第6章⑲で述べたとおり。第一に、一人ひとりの社員が、自社の経営理念やビジョンに誇りを持ち、日々の仕事に働きがいを実感できるようにすること。

第二に、日本企業の強みである企業内人材育成に磨きをかけ、仕事を通じて人が育つ現場をより強固にしていくことだ。

そこで、私が推奨するのは、日本企業が持つ人材育成の強みを活かしつつ、社員が自律型人材として自ら働きがいを創造しながら成長し、活躍できる「ハイブリッド型雇用」だ【図表6-11】。

日本特有の新卒一括採用と一人前になるまで大切に育てる慣行は、若年失業者があふれている世界の中で誇るべき仕組みである。これを捨てる代償は計り知れないはずだ。一人前の仕事力を身に付けさせるための年数は、業種や職種によって異なるだろうが、この一定期間を経た社員はジョブ型雇用の人事制度に移行する。そして、一人前になってからは、社員一人ひとりのキャリアビジョンや能力、適性、生活条件等に応じた働き方を柔軟に選びながら、自ら生涯にわたって学びつつ成長・活躍できる仕組みを整えるのだ。

マネジメントの新作法❷

年齢による区分から一人ひとりに応じた役割分担へ

サントリーホールディングスの新浪剛史社長が、2021年9月の経済同友会のセミナーで「45歳定年制」を論じ、物議を醸したのを覚えている方も多いだろう。発言の意図に反し、言葉が独り歩き

図表 6-11 ハイブリッド型雇用

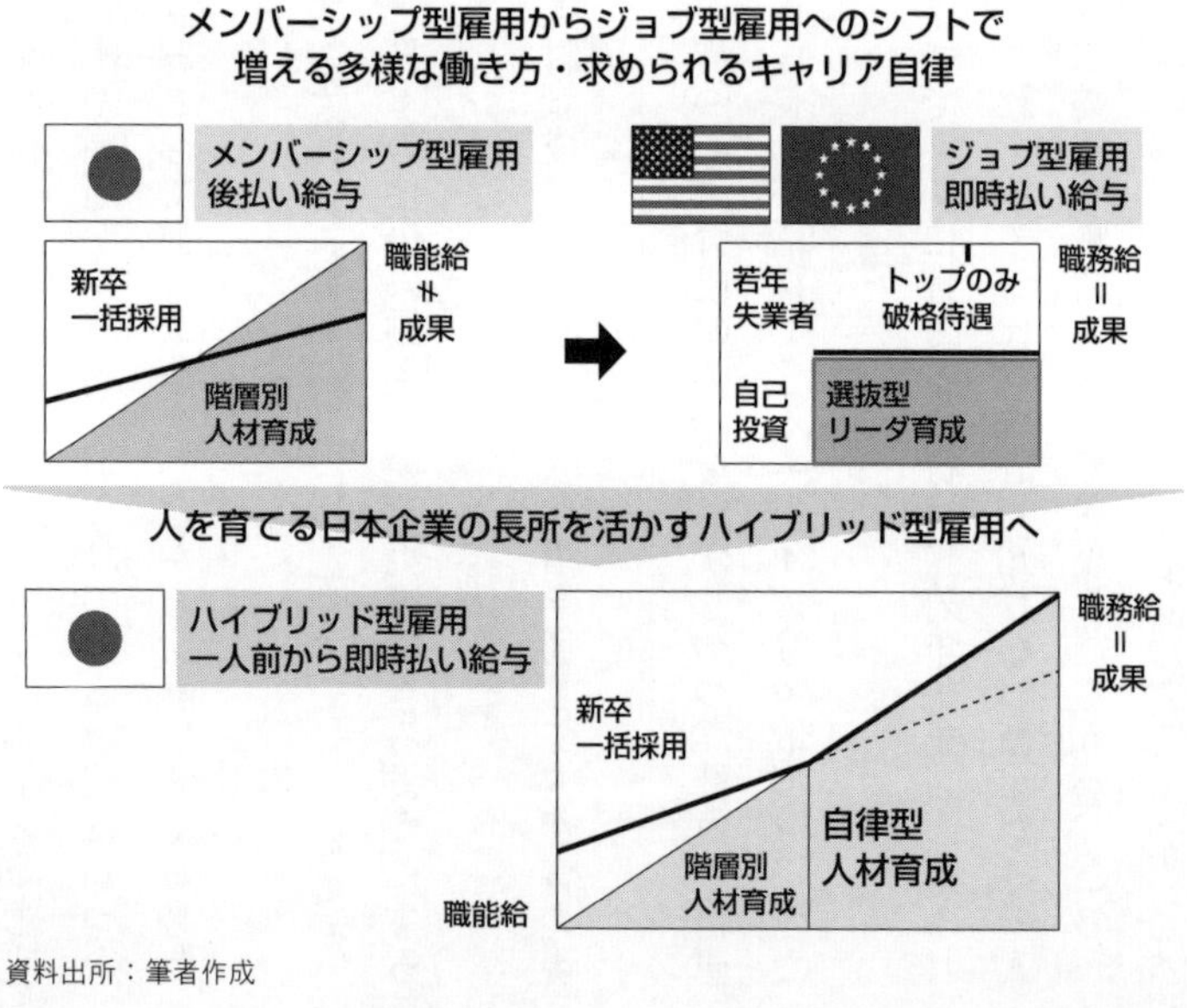

資料出所：筆者作成

して批判が殺到したため、すぐに誤解を解くための釈明に追われた。真意は「定年」に力点があるのではなく、誰もが45歳前後でのキャリア自律を目指す姿勢で仕事や自己啓発に励むことを奨励したのだった。しかし私は、持論のハイブリッド型雇用と共鳴する内容と捉え、評価できると感じていた。

私自身、40歳で前職のリクルートを早期退職（フレックス定年で卒業）することを決め、起業した。同社では入社時から自律を説かれ、私は覚悟の上で入社した。その後のＯＪＴでも徹底的に自律意識を鍛えられた。この早い〝締め切り〟があったが故に、それまでに社外でも通用する一人前の力を付けようと、貪欲に働き、学び、その結果として起業を果たせたことに、今でも感謝している。

話題を役職定年に戻そう。私は、ハイブリッド型雇用において役職定年制度は不要と考えている。誰もが40代前後には一人前のキャリア自律を目指すのだから、ごく限られた役職ポストに就くことのみを「出世」の目標とする、単線型のキャリア観を持つ必要はない。また、仮に管理職に就くとしても、自身の専門性を磨き続けるキャリアの途上の通過点と考えるのだ。「上司とはチームメンバーの活躍を支援する役割」と考えればよい。また、役職への登用や退任を、年齢基準で判断する必要もない。本人にも組織にも適職なら、20代の上司も70代の上司も、いずれもあってよいはずだ。

どの世代・年齢であっても、組織のビジョンに共感しながら、自律的なキャリアを磨きつつ、お互いを認め合い、イキイキと働ける職場であることが、これからの人的資本経営時代に求められる姿といえるだろう。**【参考】**として、「人的資本経営の実現に向けた検討会 報告書（人材版伊藤レポート2・0）」（経済産業省）が提唱する今後の人事戦略を展望する概念図を示しておく。

参考 人的資本経営－人材戦略に求められる「三つの視点」と「五つの共通要素」

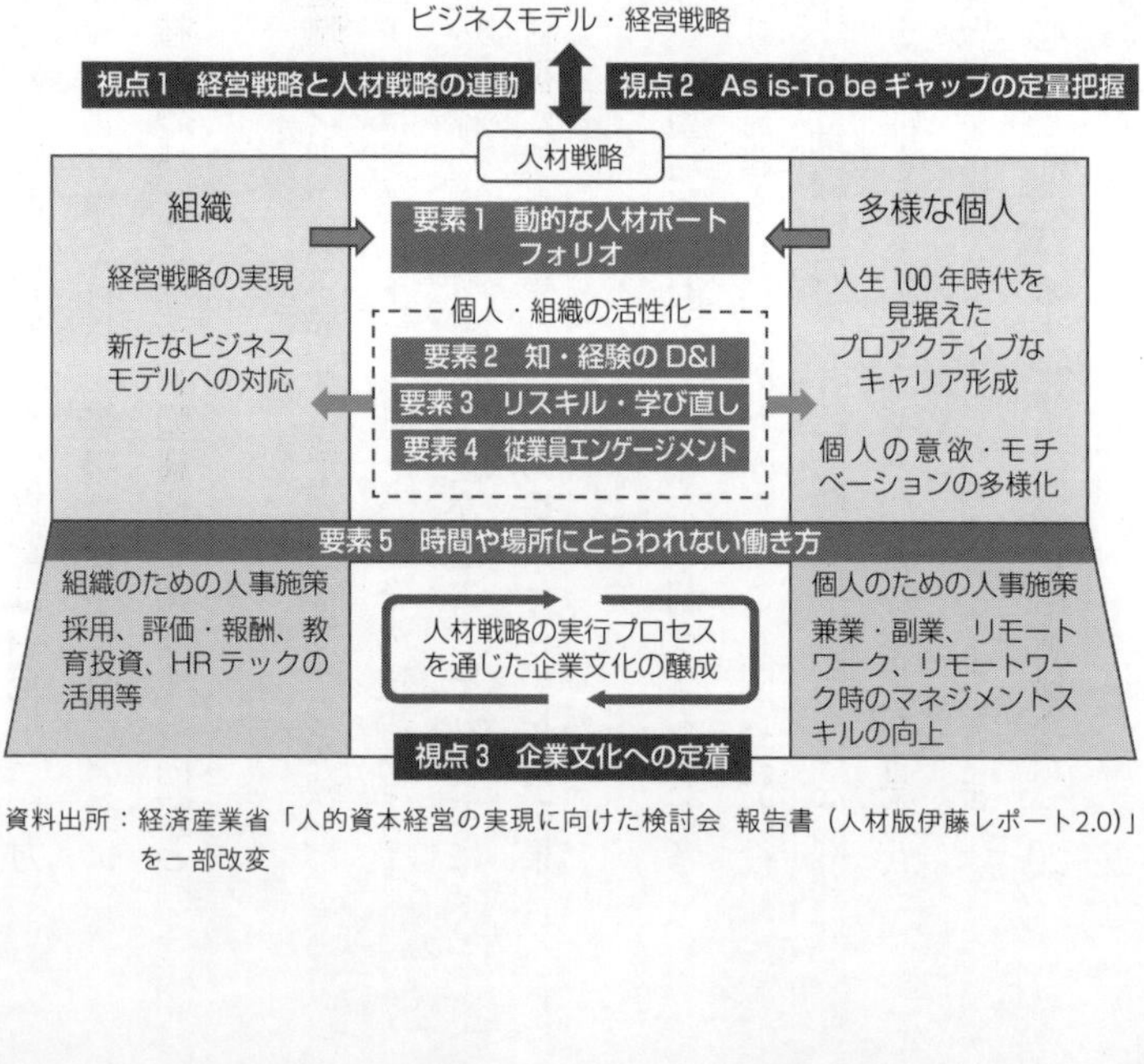

資料出所：経済産業省「人的資本経営の実現に向けた検討会 報告書（人材版伊藤レポート2.0）」を一部改変

第2部

人を活かす
5社の企業
インタビュー

※ 話し手の所属等は取材当時のもの
※ 聴き手はすべて前川孝雄

ヤフー株式会社

社員の才能と情熱を解き放つ！キャリア自律を尊重しながら組織成長を目指す

話し手　岸本雅樹氏（ピープルデベロップメント統括本部ビジネスパートナーPD本部本部長）

ヤフー株式会社は、インターネットサービスでイーコマース事業や広告事業などを幅広く展開。「Yahoo!ニュース」をはじめ、「Yahoo!ショッピング」や「ヤフオク!」「Yahoo!ウォレット」など各領域で国内最大級のユーザー数を有し、社員約8000人を擁している。同社のミッションは、「UPDATE JAPAN 情報技術のチカラで、日本をもっと便利に。」、ビジョンは「世界で一番、便利な国へ。」。人事や人材育成に関わる施策では、上司と部下による「1on1ミーティング」（以下、1on1）導入や、社員の働く場所や居住地の制約をなくした「どこでもオフィス」導入など、常に最先端の取り組みによって注目を集めている。

本インタビューでは、同社の主な人材育成施策の概要や成果とともに、多様な施策の根底にある人材育成理念について、ヤフー ピープルデベロップメント統括本部ビジネスパートナーPD本部本部長（インタビュー時）の岸本雅樹氏に話を伺った。

ヤフー社員８０００人が全国「どこでもオフィス」化
——その効果とは？

——御社では、２０１４年から社員がオフィス以外の好きな場所で働ける「どこでもオフィス」制度を開始されています。ＩＴ業界であっても、スタートアップや小回りが利く中小企業ならともかく、御社のような大企業としては、かなり思い切った取り組みだったと見ています。導入の背景や考え方、また今日までの変遷と成果をお聞かせいただけますか。

岸本　当時「どこでもオフィス」を開始した背景は、大きく二つです。第一は、スマホの普及でした。かつて当社のサービス利用者はパソコンユーザーが主流でしたが、スマホ利用が急速に進み、ユーザーはどこでもインターネットへのアク

岸本雅樹氏

セスが容易になりました。そこで、当社事業もスマホ対応への早期移行が求められました。そうなると、私たち自身の働き方もオフィスに限定する必要はなかろうという認識が強まったのです。

第二は、オフィスのデスクに縛られたままでは、アイデアが固定化してしまうという問題意識です。在宅のみならず海でも山でもどこでも働けるようにすれば、これまでにないインスピレーションの広がりが期待できる。そうした社員の斬新なアイデアを取り入れていこうと、文字どおり「どこでもオフィス」としてスタートさせたわけです。

「どこでもオフィス」は社員のライフにもワークにもプラス

岸本　当初は「月2回まで」で始めました。すると、社員からは「通勤負荷が減ってプライベートが充実し、自己啓発や家族と過ごす時間が増えて助かる」といった声が多く寄せられ、プラスの効果が明らかになりました。そこで、２０１６年からは「月5回まで」に拡充したのです。そうするうちに、２０２０年のコロナ禍です。私たちは、政府の緊急事態宣言発出に先立つ同年2月から、当面、原則在宅勤務に切り替えました。

リモートワークを長く続ける中で、多くのメリットを実感しました。業務環境面では、従来の「紙とはんこ」による決裁や契約の電子化、オンライン業務への諸環境や手続きの最適化など、ＤＸ（デジタルトランスフォーメーション）化が大きく進展しました。この間、全社員に対し頻繁にアセスメントを行ってきました。もちろん、課題の指摘も皆無ではありませんでした。しかし、多くの社員の声として、プライベートの充実に加え働き方としても有効で、特に業務に支障はなく、むしろ良い影響もあるとの結果が示されたのです。そこで、２０２０年10月から「どこでもオフィス」の回数制限を撤廃しました。

――これまでの経緯が、よく分かりました。最近は、そもそも通勤時間というのはワークなのかライフなのかといった議論さえ起こる時代です。その点、「どこでもオフィス」による時間の効率化で、社員の皆さんがプライベートの充実はもちろん、仕事にもプラスの影響を感じているとの評価結果は大きいですね。

一方で、課題も皆無ではないとの話ですが、具体的にはどのようなことでしょうか。

岸本　社員からの声として、雑談などの業務目的以外のコミュニケーションが減ってしまい、特に新しい仲間が加わった際に関係性の構築が難しくなったという意見が上がってきました。

――それは、どの企業でも課題になっていますね。既に関係性ができている社員同士やチームならば、リモートワークに切り替えても何とか対応できます。しかし、新入社員や人事異動での新配属など、初めての人同士が人間関係をつくる際に、インフォーマルなコミュニケーションが取りにくいリモートワークでは困難が伴うということですね。

社員の働き方と住まい方の選択肢を最大限に広げる

――御社では、2022年4月から「どこでもオフィス」の運用をさらに大きく拡充されました。そのポイントと狙い、また社員の反応や社内の対応についてお聞かせください。

岸本　制度拡充の判断をしたのは、前述のとおり、この働き方が社員の生活面でも仕事の生産性の面でも、一定の成果があったことが前提です。コロナ禍以降痛感したのは、それぞれの社員にとっての最適な働き方は、家庭の状況、仕事の内容、キャリアの現状などによって、とても多様だということです。そうであるなら、社員が自分にとってベストな働き方を自ら選べることが大事なのではないか。社員のウェルビーイング（身体的・精神的・社会的に良好な状態にあることを意味する概念。「幸せ」「幸福」）も向上しますし、より多くの方に当社で働くことを選択していただけるとも考えました。

そこで、2022年4月からは、居住地の縛りを緩和しました。これまでは働く場所は問いませんでしたが、求めに応じて当日午前11時までに出社可能な場所に住むことが条件でした。これを改め、国内限定ではありますが、どこでも居住してよいこととしたのです。ただ、決してフルリモートワークを一律に求めているわけではありません。オフィスに出て他者と顔を合わせて仕事や打ち合わせをしたい場合もあるでしょう。年に何度かはチーム全員で顔を合わせようという場合もあるかもしれません。そのため全国どこに住んでいても出社しやすいように、1日の交通費の上限を撤廃し、飛行機利用なども可能としたのです。

――「どこでもオフィス」は、在宅勤務やリモートワークを徹底する目的かと受け止められがちです。しかし、話を伺うと、そうではなく、あくまで社員一人ひとりにとっての働き方や住まい方の選択肢を最大限に広げるものだということですね。他社では、フルリモートワークに舵《かじ》を切るところや、揺り戻しで原則出社や週に何日かの出社義務づけを行うところなどに二分されつつありますが、御社は社員自身が最適を選ぶことを第一義にされているのですね。

リモートでのコミュニケーション促進への取り組み

――先ほど、リモートワークの課題面として、社内のインフォーマルコミュニケーション（雑談など業務外のコミュニケーション）の難しさを挙げられました。御社では、その活性化策として「おともだち獲得ランチ会」「リモートランチ会」「オンライン懇親会セット」「オンライン版ファミリーデー」など、多彩な施策を実施されています。これらの狙いと手応えをお聞かせください。

岸本　これまでは会社に行けば誰かがいて、自然と会話ができ、つながりができ、社員同士の横糸を結び合うことができました。しかし、「どこでもオフィス」の下では、分散した社員同士が直接顔を合わせる機会はかなり限定され、つながる手段はオンラインが主流になってきます。仕事上必要なコミュニケーションは、場所や時間の制約が緩み、むしろこれまで以上に濃密に行うことも可能になるでしょう。しかし、仕事以外のインフォーマルなコミュニケーションは弱くなります。そこで、リモート環境でも取り組める施策を考えました。

「おともだち獲得ランチ会」は、新入社員が自分たちでランチ会を企画して、仲間や先輩に呼び掛けて実施することで、つながりづくり、仲間づくりを進めるものです。

「リモートランチ会」「オンライン懇親会セット」は、社員同士がリモートでランチ会や飲み会を行うときに、社員食堂のランチセットや飲み会セットを注文できるというものです。「同じ釜の飯を食う」効果を狙ったものといえます。「オンライン版ファミリーデー」は、従来、オフィスに家族を招待する「ファミリーデー」として親睦を深めていたものを、オンラインでどこからでも参加可能にしたものです。

成果としては、これらを活用することで社員同士が相手の人となりをよく知ることができ、仕事を進める上でもプラスになっていると社員から意見をもらっています。そこで、こうしたインフォーマルコミュニケーションをより促進しようと、2022年4月からは社員同士の飲み会には、オンラインかリアルかを問わず、月5000円の補助を行うことも始めました。トライアル&エラーで、まずはいろいろ試行してみたいと考えています。

——御社の社員の平均年齢は、約35歳と伺いました。40~50代のミドル以上は、どうしてもリアルでの懇親会や飲み会を懐かしむ傾向があるかもしれませんが(笑)、デジタルネーティブの若手世代ほど、オンラインでのインフォーマルコミュニケーションをより上手に活用できるかもしれませんね。

あえて職場で働く効果を最大化する「実験オフィス」

——コロナ禍でのリモートワークの広がりから、企業のオフィスの在り方自体が問われる時代になってきました。御社ではオフィス改革の一環で、目的によって自在に使い分ける「実験オフィス」にも取り組まれています。導入の狙いや成果をお聞かせください。

岸本　「どこでもオフィス」を実施しながらも、あえて出社してくるオフィスが最大限の効果をもたらすためには何が必要か、どのような使い方が有効なのかを確かめるために、いくつかのフロアを用意し、社員に使ってもらいフィードバックを得ながら、実験をしているところです。

例えば、オフィスに出てきて集中して仕事をしたい人には、1人で落ち着いて仕事に専念できる個室ブースのようなレイアウトの「集中フロア」を設けています。また、オフィスでの人との対話やミーティングの効果を求める人のためには、コミュニケーションを活性化しやすいような「チームフロア」を用意しています。

ただ、コロナ禍が長引く中で、ずっと在宅勤務を推奨しているため、本来の形での実験が進まない状況です。この状態が落ち着き、真に「働く場所はどこでもよい」となった段階で、この取り組みをブラッシュアップし、あるべきオフィスの形を見極めていきたいと考えています。

「1on1」カルチャーがリモートワーク下でも生きている

――コロナ禍を機にリモートワークが進む中で、私たちが支援する企業の人事や管理職層からは、社員の仕事や様子が見えにくくなり、マネジメントやチーム運営が難しくなったとの声が多く聞かれます。「オンラインで会議をすると、社員がビデオをオフにしたままで、発言も乏しい。〝顔出し〟を強要すればハラスメントともとられかねず、どうしたものか…」と悩んでいるという悲痛な声もあります。社員の側から仕事上の意思疎通がうまく取れないとか、コミュニケーション不足で孤独を感じるなどの不安の声が上がる例も少なくありません。

御社では「どこでもオフィス」でリモートワークが主流化する中で、そのような困難はありませんか。

岸本　それらの課題は、私たちにとっても無縁ではありません。リモートワークでは物理的にお互いの日々の様子は見えませんから、管理職や社員にとって同様の不自由も皆無ではないでしょう。ただ、無制限の「どこでもオフィス」導入後も、大きな混乱や問題は生じることなく、スムーズに対応できました。

その大きなポイントは、それまで長らく１ｏｎ１（上司と部下の１対１の面談制度）にしっかり取り組んできたからだと考えています。当社では２０１２年から１ｏｎ１を導入し、毎週１回上司と部下の間で面談を行うカルチャーが根付いてきており、リモートワーク下でもポジティブに機能しているのだと思います。週に１回は、オンラインにせよ仕事の報告や打ち合わせを行い、場合によっては悩み事の相談もできます。それにより、コミュニケーションの頻度や量は担保できており、プラスに働いたと思います。

ただし、現状にも課題意識はあり、２０２１年からは管理職向けに面談方法に関する研修を強化して、さらに１ｏｎ １を磨いていく取り組みも始めています。

――具体的には、どのような内容ですか。

岸本　制度導入からだいぶたつこともありますので、あらためて「そもそも1 on 1とは何か」といった基本の学びや、望ましい面談の型をインストールし直すといった内容です。社内にはコーチングの有資格者もいますので、適切な部下との対話の方法を伝授してもらいます。また、産業医からは社員のメンタルケアの観点から、どのような留意点やアドバイスが必要かを学びます。さらに、実際の1 on 1の様子をレコーディングして、AIによる解析で上司と部下のどちらの発話が多いかや、笑顔がどの程度あったかなどを可視化し、管理職自身が自分の面談を客観視できるツールの導入も進めているところです。

――とても興味深いですね。これまでも1 on 1によって上司と部下の日常の対話がしっかりできていて、リモート環境下でもそれを継続することで、コミュニケーション問題も基本的には解消されている。さらに、それをブラッシュアップしようということですね。

自由な働き方で最大のパフォーマンスを期待

――近年の働き方改革の中で、残業を減らし、休暇取得を促進し、子育てや介護と仕事との両立支援策を進めるなど、「働きやすさ」の整備はかなり進んできたと思います。ただ私は、長らく「社員の働きやすさばかりを追求しても、働きがいは高まらない」と、警鐘を鳴らし続けてきました。衛生要因（労働条件や給与等）の向上は社員の不満解消にはなっても、動機づけ要因（仕事そのもの、承認、達成等）には直結しない。働き方改革関連法などの法令順守は必須とはいえ、企業が衛生要因ばかりを追求すると社員の既得権意識が肥大化し、待遇がより向上しないと不満ばかりが鬱積《うっせき》する懸念があります。キャリア意識の高い優秀層ほど、ぬるま湯的な環境になると不安になり離職リスクが高まる傾向もあります。

少し意地の悪い質問なのですが、「どこでもオフィス」など衛生要因の向上は、ダイバーシティ経営において必要ではあるものの、一方で社員の権利意識が拡大するといった問題は起きませんか。

岸本　当社の人事（ポリシー）として、会社と社員はフラットで対等な、イコールパートナーであると考えています。「どこでもオフィス」は、捉え方によっては、社員に対する福利厚生や衛生要因との見方もできるかもしれません。しかし、むしろ私たちとしては、「社員の皆さんには、会社ができるだけさまざまな働き方の選択肢を提供できるように努力します。なので、それを活用して最大のパフォーマンスを上げてください」という考え方がベースにあるのです。「自由と責任はセットである」という言い方もしています。

イコールパートナーとして、会社は最大限、働きやすい環境や選択肢を社員に提供する代わりに、社員は最大の成果を出してしっかり会社に貢献していただく。そのことによって発揮される社員のパフォーマンスを、会社もしっかり評価していくという考え方です。

――たいへん共感できる考え方です。関連して、社員の仕事の評価には、どのような視点で取り組まれていますか。

岸本 評価の視点は、以前から変わらず、その人の残業の多寡であるとか、いつ、どこで、どのような働き方をしているかといったことではなく、実際にどれだけの成果を出しているかに着目して評価をしていますし、今後もその点は徹底していきたいと考えています。

――各社員はプロフェッショナルとして、自分が選んだ働き方によって自らが出した成果で評価されるということですね。いわゆる「ジョブ型」に近い働き方と評価の仕方になっているのでしょうか。

岸本 いいえ。そのように問われれば、当社は決してジョブ型ではありません。なぜなら、当社は多様なサービスを提供しており、事業戦略的にもサービス間の連携でシナジーを出すことを重視しています。そこで、社員には、頻繁に人事異動があります。したがって、「あなたのジョブはこれだけ」とガチガチに縛り、その仕事だけに長く専念させるような意味でのジョブ型は取らないのです。

ただ、各社員の毎期のミッションと目標は明確にしており、各期末には上司と部下が目標への到達度を確認するのです。先述の「責任＝仕事の成果の部分」を評価しています。

――すなわち、ＭＢＯ（目標による管理）によって、しっかりとパフォーマンスの管理や評価は行っているということですね。たいへんよく分かりました。

会社と社員が「選び、選ばれる」対等なパートナー

――岸本さんはさまざまな場面で人事施策を語られる際に、「会社と社員が対等＝フラットなパートナーになる」「キャリア自律」「キャリアオーナーシップ」などのキーワードを使われています。そこに込めた趣旨や思いをお聞かせください。

特に、社員のウェルビーイングや働きがいと、会社の発展との関係をどのように両立させようとお考えですか。御社のパーパス・経営方針と人材育成・活用方針との関係も含めて伺います。

岸本　当社の人材育成方針の基本にあるのは、前にも述べましたように「会社と社員はフラットで対等な、イコールパートナーである」ということです。では、「対等な関係」とは、いったいどう考えるべきか。

社員は、私自身も含め、人生の中で何に最も長い時間を費やしているかといえば、「働いている時間」と「寝ている時間」です。そう考えると、働く時間がいかに幸せでポジティ

ブな時間であるかが、その人の人生にとって、とても大切なわけです。人は自律的に物事を決めて生きていくことを望むものです。ですから、最終的には、その人自身が良い働き方を選び、自分自身が出したいパフォーマンスを実現するために、この会社を選んでいただきたいのです。会社としても、社員の方々に最大のパフォーマンスを発揮して組織に貢献をしていただきたい。

そのために会社としてはさまざまな条件や選択肢を提供できるようにする。「選び、選ばれる関係であること」が、対等な関係ではないかと思うのです。そうすることで、社員のウェルビーイングも高まるとともに、会社も成長・発展していくことができる、Ｗｉｎ－Ｗｉｎの関係になっていけるのではないでしょうか。

社員のキャリアも会社が決めるのではなく、社員自身が決めていくものという意味で、「キャリア自律」「キャリアオーナーシップ」ということを大切にしていきたい。そのようにして、社員が望むキャリアを歩んでいける会社であり続けること、その努力をすることで社員の組織エンゲージメントを高い状態に保っていくことが、人事の仕事であり、基本方針だと考えています。

「人財開発カルテ」と「人財開発会議」によるキャリア支援

――とても共感し、賛同する話ですし、「会社＝組織と社員＝個人」との関係の在り方については、全く同感です。関連して伺いたいのは、キャリア自律というときに、社員の年齢や経験年数との関係では、どのように捉えていますか。すなわち、新入社員や若手社員に対して、自律ということをどう定着させていきますか。

岸本　もちろん、入社してすぐの方が「次はこういうキャリアに進みたい」とか、「私は一生このキャリアを歩みます」などと決めることは難しく、現実的ではありません。当社では、社員一人ひとりに自分のキャリアを考えるための「人財開発カルテ」というものを書いてもらっています。自分自身のこれまでの経験や仕事を通して得てきた強みや、さらに伸ばしていきたい点、挑戦したい課題など、今後どのようにキャリアを築きたいかを自分自身で書き出すものです。それを上司との１on１でも話し合い、また「人財開発会議」という、さらにメンバーを広げた中でアドバイスを得ていく仕組みも取り入れています。自分の成長やキャリアについて周囲からのフィードバックや支援も得ながら、自律的に考えてもらうものです。

――そのカルテを使いながら、若手社員の頃から、自律的にキャリアを考えていくトレーニングを重ねていくということですね。こうしたきめ細やかなシステムを運用する際には、関係者にかなりの負荷がかかりますが、管理職層や現場ではスムーズに受け入れが進みましたか。

岸本　この制度は7〜8年前に導入しましたが、確かに「カルテ」の記入や「会議」の開催を打ち出した当初は、「何の意味があるのか」といった疑問の声も上がってきました。人財開発会議は役員層など上部のレイヤーから導入しました。「カルテ」や「会議」の意義や成果などを幹部が身をもって体験し、社員にも示すことで、組織に浸透しやすかったと思います。

この「カルテ」の記入については、各社員に自律的に書いてもらおうと考え、2〜3年前に一度必須から任意に切り替えましたが、その結果、記入率が下がってしまいました。私たちとしては人材育成のキーになるツールだと考えていましたので、2021年から再度必須に戻しています。今後も力を入れていきたいと考えています。

「1on1」は部下の内省と成長を支援するための場

——あらためて今の話にも出た、上司と部下との1on1について伺います。御社では、1on1をかなり早い時期から先駆的に導入し、人材育成のツールとして有効に活用さ

れてきました。今や多くの企業でも導入されていますが、形式的な対話や業務管理の場に陥ってしまい、形骸化している例も少なくありません。こうした傾向の打開策や改善へのアドバイスはありますか。

岸本　１ｏｎ１とはいったい何のために行うのかということを、会社としてしっかりと認識し、管理職層や社員にも共有し浸透させることが大切ではないでしょうか。

　当社の場合、経験学習の理論を基本に置いています。社員自身が自分の仕事の経験をしっかりと振り返り、そこでの学びを言語化し、今後の成長に活かしていくことが重要だと考えています。振り返りを自分１人で行うのは難しいことですから、上司が１ｏｎ１でその支援をしていくという位置づけです。

　したがって、１ｏｎ１は上司のための時間ではなく、あくまで部下のための時間であり、社員の内省と成長を促すことが目的だということです。管理職になった方には、このことを伝えた上で、１ｏｎ１に臨んでもらっています。

　アドバイスということではありませんが、当社の場合には、こうした目的で行っているのであって、他社も、自分たちが何のために１ｏｎ１を行うのか、まず確認することが大事なのではないでしょうか。

――本当にそのとおりですね。１ｏｎ１を導入するとなると、傾聴の仕方やコーチング

のノウハウなど、コミュニケーションの手法に関心が向きがちです。しかし、そもそも何のために行うのかという目的が重要だということですね。

自律的で優秀な人材から選択してもらえる会社に

――キャリア自律ということに関連しての質問です。会社と社員が「選び、選ばれる関係」とした場合、社員の自律を促す結果、キャリアアップのために転職や独立・起業を望むケースも一定割合出てくると思います。その点は、どう考えていますか。

岸本　おっしゃるように、可能性としては当社以外でのチャレンジを望む社員も出てくるでしょう。実は、私たちはサバティカル休暇というものも導入しています。これは、キャリア10年目以上の節目で2～3カ月間の休暇を取り、じっくりと自分のキャリアを振り返り、今後を展望してもらうためのものです。この休暇を機に、自分の将来を考え直し、当社以外の道を選んだ方も実際にいらっしゃいます。

そこで大事なことは二つあると考えています。一つは、その次なるチャレンジの選択がその人自身のためになるならば、ご本人にとってはもちろん、社会全体にとって良いことだと思うのです。この休暇が結果として転職や独立・起業を促すことになっても、施策自体が失敗だとは全く考えていません。

もう一つは、前にも述べましたが、じっくりと自分のキャリアを考えた上でも、やはり当社で働きたいと思ってもらえるような環境を、私たちが提供し続けることこそが大事だということです。

――とても共感します。これまでの会社組織は、何とかして社員を囲い込み、いかに会社人間に染めていくかという人事になりがちでした。そうではなく、これからの会社はもっとオープンであるべきだと。御社で働く選択肢もあれば、他で活躍する選択肢もある。その中でも、あらためて御社を選んでもらえるように、組織や仕事を魅力あるものにしていくという考え方ですね。結果、御社でぜひ働きたいという人たちを増やしていくことにもなりますね。

御社では、これまでに紹介いただいた施策を含め、とても多彩な人事施策を矢継ぎ早に導入し、試行的な取り組みも積極的に行われています。そうした新しい施策の根底にある問題意識や目的はどのようなものですか。

岸本　これまでお話ししたことに通じるのですが、「ヤフーという会社が、本当に自律的な人材から選んでいただける会社として、どうあるべきか」ということを、常々考えています。私たちとしても、パフォーマンスを上げてもらえる優秀な人材に来ていただきたいのです。特に私たちのようなＩＴ系の会社では、キャリアアップのための転職はごく普通のことですし、優秀な方ほど自律しています。そういう方々が「ヤフーならこんな経験ができる」「こんな成長ができる」と思ってもらえる選択肢をいかに広げていけるかいう観点で施策を考えています。

ですから、社内で自ら望む仕事に手を挙げて異動できる機会を提供する「ジョブチェンジ」（編注　2023年度以降は「ポスチャレ！」）という仕組みや、社内で自分が望む学習にチャレンジできる「Ｙａｈｏｏ！アカデミア」なども、そうした趣旨で実施しています。

――2022年2月からは、キリンホールディングス、パーソルキャリアとの3社で「相互副業実証実験」も開始されていますね。これもたいへん興味深い取り組みです。

岸本　当社ではもともと副業を認めていますし、2020年からは副業での就業受け入れも始めています。しかし、それだけでは副業の課題や成果がなかなか見えにくかったのです。そこで3社連携で受け入れ合うことで、相互に分析検証が可能になると考えています。

人生にとって働く時間はとても大切なもの

――では、最後の質問です。岸本さんは、公式サイトやインタビューの中で「社員一人ひとりの才能と情熱を解き放てる環境をつくりたい」、また「自社だけに閉じるのではなく、日本の働き方や企業の在り方をより良くしていきたい。働き方という観点から、日本をよ

り良くアップデートしていきたい」と語られています。一つの企業のＣＨＲＯ（最高人事責任者）の視点や発言としては、とてもスケールが大きく、印象的です。

岸本さんから見て、これからの会社、働き方はどう変わっていくと思われますか。また変えていきたいと考えていますか。

岸本　お答えするには少々おこがましいような、大きなご質問ですね（笑）。繰り返しにはなりますが、私の考え方の根底にあるのは、人の人生にとって働く時間はとても大切なものであり、ポジティブな時間であるべきだという思いです。もちろん仕事には、つらいこともたくさんあると思います。それでも後から振り返れば、それも含め充実した良い時間だったと思えることが大事です。

そのためには、自分の持っている能力や思いを解き放って、仕事で体現できることが大切ですし、そのことがウェルビーイングやエンゲージメントにもつながると思います。ですから、当社の社員一人ひとりにとって「ここで働くことで、自分の力が存分に発揮できている」と思ってもらえる環境をつくっていきたいと考えています。

また、「日本をより良くしたい」とお話しするのは、当社の「ＵＰＤＡＴＥ ＪＡＰＡＮ」（日本をアップデートする）というミッションに引きつけてのことです。もちろん、人材育成については自社がまず率先して実践することが大事ですから、ヤフー自体の取り組みをより良いものに磨いていきたい。それが他社の参考や刺激にもなり、結果として日本全体でより良い働き方が進んでいく一つの力になれれば幸いです。

ギャラップ社の調査などでは、日本で働く人のエンゲージメントは世界的にも低いという結果も示されています。そうした状況を乗り越えて、日本全体で働く時間がもっとポジティブなものになっていくことを願っていますし、ぜひそこに貢献していきたいと考えています。

——御社は約8000人もの社員を擁する一大企業であり、影響力の大きい会社です。ぜひ引き続き、革新的で、かつこれからの時代の王道となる人材育成施策を積極的に進めていただき、日本企業の良き未来モデルをけん引していただきたいと思います。本日は、どうもありがとうございました。

【資料出所】 マイナビニュース　連載「人を活かす会社の最前線」の以下記事を基に一部加筆修正

①2022年6月9日「第3回　ヤフー社員8、000人が全国『どこでもオフィス』化—その効果とは？」

②2022年6月10日「第4回　社員の才能と情熱を解き放つ！ヤフーが実践する『1 on 1』のポイントは？」

インタビュー後記

前川の考察

自由と責任はセット。「任せた仕事の当事者は社員」を徹底

コロナ禍によって、リモートワークを取り入れる企業も珍しくなくなった。しかし、パーソル総合研究所の継続調査「新型コロナウイルス対策によるテレワークへの影響に関する調査」の第7回によると、企業のリモートワーク実施率は2022年2月をピークに減少傾向だ。コロナ禍でやむなくリモートワークを導入したが、感染状況の収束とともに原則オフィス勤務に回帰する企業も少なくない。ただ、ヤフーは社員の働きやすい環境を徹底的に整備する企業だからこそ、今後も「どこでもオフィス」継続は当然と見る向きが多い。

しかし、ヤフーは単にリモートワークのみを推進しているわけではない。並行する「実験オフィス」の取り組みでは、オフィスに出て仕事に集中したい人用の個室ブースがある「集中フロア」や、社員が集い対話やミーティング効果を高める「チームフロア」などを設け、出社勤務も試行している。リモートによる環境整備の一方、社員

の生産性向上に役立つオフィスの価値も、しっかり模索しているのだ。

さらに注目すべきは、同社がフルリモートワーク下でも、上司と部下の信頼関係や働くモチベーションを保持できている理由だ。答えは、同社が早くに導入し磨いてきた上司と部下との1 on 1にある。1 on 1は上司による管理手法ではなく、部下の内省と成長を促すことが目的だ。上司は部下の考えや思いを引き出し、内発的な動機づけで仕事の目標や進め方を部下本人に決めさせ、自ら挑戦し振り返ることを支援する。それこそが部下の成長と働きがいを育むのだ。

私は常々「働きやすさ」と「働きがい」の関係を説く際に、アメリカの臨床心理学者フレデリック・ハーズバーグの「動機づけ・衛生理論」を引用する。すなわち、社員の働く環境や労働条件、人間関係、給料などの「衛生要因＝働きやすさ」を向上させると社員の不満は減少するが、働きがいは高まらない。働きがい喚起のためには、仕事の内容、任される責任、上司や仲間からの承認、仕事の達成感などの「動機づけ要因」の向上が不可欠だ。

特に、衛生要因の改善に終始しがちな働き方改革法制化の動きが出てきた10年ほど前から、強い危機感を抱き、各所で問題提起を続けてきた。私の危機感は的中し、働きやすいものの、ぬるま湯環境に陥る企業が増えてしまった。仕事の手応えや働きがいを得られない社員はモチベーションを下げ、成長意欲の高い人ほど離職してしまう傾向も強くなっている。

ヤフーは、フルリモートワークという衛生要因の整備の前に、1on1で動機づけ要因をしっかり喚起してきている。そして「自由と責任はセット」であるとし、任せた仕事の当事者は社員であると徹底することで、全国どこでも自律的に働ける社員が育ち活躍する。

真に人を活かすためには、表層的な働きやすい環境整備にのみ飛びつかないことが重要だ。

ニューホライズンコレクティブ合同会社

退職・離職後の社員の「幸せな独立」まで支援することで人材革命を起こす

話し手　山口裕二氏（共同代表）、野澤友宏氏（共同代表）

ニューホライズンコレクティブ合同会社（以下、NH）は、電通の100％出資子会社として2020年11月に設立。電通が提唱し、NHが取り組む「ライフシフトプラットフォーム」は、40～50代で自主退職した元社員が、個人事業主や法人代表として同社と最長10年間の業務委託契約を締結し、一定の固定報酬を得ながらプロフェッショナル・パートナーとなって第二のキャリアに挑戦することを後押しする仕組みだ。

「人生100年時代」に入り、働く期間が延びる中、2021年4月に改正高年齢者雇用安定法が施行され、企業の努力義務として定年制の廃止や、70歳までの就業機会確保とともに業務委託契約や社会貢献事業への従事支援などの選択肢が示された。産業構造の大転換によって、ＤＸ（デジタルトランスフォーメーション）対応など、企業自身の変革と社員のリスキリングやキャリアの見直しも求められている。

経験を積んできたミドルが、今後いかに働いていくかは大きな社会的テーマだが、そうした中でＮＨの取り組みは先進的で画期的なもの。共同代表の山口裕二氏と野澤友宏氏から、組織立ち上げの経緯や、これまでの成果や課題について話を伺った。

メンバー90％が「満足」

――平均年齢52歳の元電通社員２２６人が目指す「幸せな独立」への滑走路

――まず、ＮＨを立ち上げた当時の背景や思い、そして今日に至るまでの状況をお聞かせください。

山口　ＮＨ立ち上げに際し、電通のミドル社員に手挙げ方式で、個人事業主に挑戦したい人を募ったところ、２００人を超える応募がありました。実は、１００人以上希望者がいなければ、この企画は取りやめの予定でしたが、その人数を大きくクリアしてスタートでき、２０２２年６月現在のメンバーは２２６人です。また、メンバーの出身部署や年齢に大きな偏りはなく、平均年齢も52歳と、電通のミドル世代の縮図のような構成です。

会社設立から1年を機に、メンバー全員にアンケートを取ったところ、90％の人が働き方などに「満足している」「充実している」と回答したのです。これは私たちにとって、たいへん貴重な指標です。個人事業主になったものの「失敗した」「後悔した」という人が多いのでは困りますが、この数字からまずは成功したと捉えています。

——その数値結果は大きいですね。「満足」や「充実」の理由は、どのようなものですか。

山口　やはり何よりも「自分のやりたいことができている」ということです。また、「働く時間や場所の自由度が大きい」ということも挙げられています。

——とても納得がいきますね。山口さんは電通からの出向で代表に着任され、野澤さんは電通を退職して契約メンバーの立場から代表を務めておられます。野澤さんの感想はいかがですか。

野澤　私は1999年入社で、ギリギリNHメンバーに参加できる年齢でした。私もNHの制度設計に関わっていましたので、NH参加希望メンバーの社内募集をした約1カ月半の間、社員からのさまざまな質問や相談を受けました。中でも、同期入社メンバーとのや

山口裕二氏（左）と野澤友宏氏（右）

りとりは印象的でした。

同期の最終的な応募者は数名でしたが、NHへの参加の有無にかかわらず、相談に応じた全員から「ありがとう」と感謝されました。その理由は、これだけ自分の今後のキャリアを真剣に考え、家族ともじっくり相談する機会は今までなかったからというのです。自分は電通を辞めるのか辞めないのか。辞めるならいったい何がやりたいのか、徹底的に考えられた。電通で本当にやりたいことが再発見できた人にも、収穫だったわけです。

一緒に自分探しができる仲間がいることが大事

野澤　また、NHに来た人で、やりたいことが明確で、スタートダッシュで取り組めた人は、当然満足感が高かったでしょう。ただ、当面の仕事を選びながらも、この1年間、本当にやりたいことをさらに模索し続けたことが有意義だった人も少なくないと思います。本当に自分がやりたいことはそう簡単には見つからず、少しずつ手探りで発見していくものではないでしょうか。その試行錯誤が許される仕組みであるところも、NHの良いところだと思います。
——よく分かります。私の会社が提供する研修受講者や著書『50歳からの○○戦略』シリーズ（PHP研究所）の読者などミドル世代から受ける相談の中でも、特に大企業で自分の職責を果たしながら働いてきた人ほど、「自分がやりたいことが、分からない」という人が多いのです。NHでは最長10年間という猶予期間に試行錯誤しながら自分がやりたいことを模索できることが、とても貴重なのですね。

野澤　自分のやりたいことが分からない人が、いきなり組織を飛び出して、1人で探すのはとてもきついことです。一緒に相談したり行動できたりする仲間がいると、心強い支えになります。

また、自分の才能には自分では気づきにくく、案外他人のほうが見つけやすいのです。「それ上手だから、ぜひ頼むよ」「それ、ぜひ一緒にやろうよ」と他人から依頼や誘いを受けたことで、「自分はこれに向いているんだ」「これが好きなんだ」と気づくことが多いのです。人は、人との関係性の中で才能を自覚したり、活かされたりするものだと思います。

――社員の中には、元電通の〝スター・クリエイター〟のような人もいて、そういう人はすぐにスピンアウトして、さらに活躍できるかもしれません。しかし、大半の人は自分のキャリアに対してモヤモヤしている。NHは、そういう人たちの良き受け皿にもなっているのですね。

真剣にチャレンジするミドルの高い学習意欲

――現時点で、NHに対するメンバーからの評価が高い理由が分かりました。では、約1年間取り組まれてきた成果と課題について教えてください。

山口　NHには、大きく三つの組織があります。一つは「アカデミー」といって、個人事業主のメンバーに仕事に必要な知識を学んでもらうことや、さらにメンバーが教える側になることを企画・運営している組織です。

二つ目は「ビジネス・ユニット」という、NHが電通その他から依頼された仕事をメンバーとつなぐための組織です。

三つ目は「コミュニティ」という、メンバー同士の仲間づくりをサポートするもので、時々のテーマ別活動や、好きなことを仕事に変えていくサークル活動を支援する組織です。どれもまだ立ち上げて1年以内ですので、試行錯誤の段階ですね。

野澤　私は「アカデミー」担当ですが、メンバーのライフシフトに必要な講座を30ほどつくってきました。大きく、マインドセットとスキルセットの分野があります。マインドセットは、大きな組織から個人事業主へ転身するに当たっての心構えや、いかにして働きがいや生きがいを得ていくかなどについて、学びや気づきの機会をつくります。スキルセットでは、ＩＴスキルやコミュニケーションスキル、また企画書づくりなどを習得します。今はまだ整備中で社内研修組織のような段階ですが、先々は他社にも学びを提供できる、ＮＨの看板となる事業組織に育てることが目標です。

――電通の社員だけにではなく、幅広く他社の社員にも提供していく構想なのですね。

野澤　はい。まだ立ち上げて間もないので、成果というのはこれからです。

山口　先ほどの1年目のアンケートでは、88・3％の人が学びを実践していると回答しています。一般に日本のビジネスパーソンは学ばないといわれる中で、高い数字です。経済産業省の人と話していて、どうすればこのようにミドルが学ぶようになるのかと問われました。それは、やはり独立へのチャレンジに真剣だからということに尽きるでしょう。あるメンバーは55歳で、あと5年で定年だが、80歳まで働き続けたいと。それにはあと25年もあり、学ばないと駄目だと考え、中小企業診断士の資格に挑戦し、取得しました。そうした時間軸で自分のキャリアを考えれば、自ずと学習意欲も高まるのです。

――自ら退路を断って会社を辞めてＮＨに参加し、10年の締め切りも意識して自律を目指すからこそ、真剣に学ぶ人の出現率も高いのですね。

ミドルが蓄積してきた知識やスキルの「見える化」が重要

——仕事の紹介を行う「ビジネス・ユニット」については、どのような課題がありますか。

山口　メンバー自身が自分で仕事を開拓することが基本ではありますが、1年たつ中で、NHとして仕事の依頼を受ける件数も増えてきました。

しかし、依頼された仕事を必ずしもメンバーが望まない例や、マッチしにくい例が出ています。「学校の校長先生をやってください」(笑)との依頼に、メンバーの手が挙がらず断った例もありました。依頼内容そのものが曖昧だったという問題もありますが、一方で、メンバーのスキルをもっとしっかり棚卸しして、「見える化」しておく必要があると感じています。そのことで、依頼者にも分かりやすく、依頼に対し的確なメンバーでチームを組んで、アサインでき、メンバーの持ち味を活かしやすくなります。

——この課題は、日本の大企業がメンバーシップ型からジョブ型に変わろうとしている先端を行くものですね。ミドル社員は、これまでさまざまな貴重な知識やスキルを蓄積してきたはずです。しかし、その経験が必ずしも可視化されておらず、自他共に自覚できていない。これをしっかり見える化し、期待される仕事や役割とマッチングしていくことは、ミドルのキャリア支援にとって、とても重要ですね。

日本中の企業が連携した、ミドル支援のプラットフォームを目指す

――三つ目の「コミュニティ」の活動の課題についてはいかがですか。

山口　これに対しては、メンバーの満足度がたいへん高いのが現状です。あえて課題を言えば、どうしても一緒になるメンバーが固定化される傾向がありますので、多少シャッフルして多様な人と関わる機会を増やすことでしょうか。

――現在226人のメンバーを、さらに大きく増やしていく構想なのですか。

山口　はい。しかし、それは電通社員にとどまりません。NHは、多くの企業の選択肢になることが目標です。NHの考え方や取り組みに賛同いただけるなら、多種多様な他企業と連携し、その社員も積極的に受け入れて、1000人、2000人とメンバーを大きく増やしたいと考えています。

――あくまで連携企業を通して、その社員を受け入れていく方針なのですか。

山口　当面はそう考えていますが、先々には個人の受け入れもあっていいと思います。ただ、出身企業がしっかり後ろ盾となることでメンバーが安心感を得られる、この特性は維持していきたいと思います。

――なるほど。既に具体的な連携企業のめどなども立てているのですか。

山口　はい。早いところとは2022年中に合意の予定です。

野澤　少し大きい話ですが、「ライフシフトプラットフォーム」という名称が表しているように、この仕組みは、ゆくゆくは個人事業主を支援する国家的基盤づくりにつなげたいのです。電通1社にとどまらず、日本中の多くの企業が連携したミドルのキャリア支援組織にしていきたいという願いを込めています。

――それはとても壮大な構想ですが強く共感します。ワクワクしますね。

元社員がつながることで、双方にとって良い関係が続く

――これは少し答えにくい質問かもしれませんが、自ら早期退職しプロとして業務委託メンバーになる方は健全な危機意識が高く、活躍できるということはありませんか。これを電通という送り出す組織の側から見ると、本当は残ってほしい優秀な人ほど流出してしまい、そうではない人が多く残ることになり、個人にとっても会社にとってもWin-Winにならないという危惧はありませんか。

山口　退社してNHに参加するメンバーの募集は、完全な手挙げ方式で行っています。決して退職勧奨はしないと取り決めました。当時、その点で議論もありましたが、これはあ

くまで社員の主体的なキャリアの選択肢を広げるためのものということをしっかり合意しました。そして、募集を行った結果は、前述のとおりメンバーに目立った偏りはなく、部署も世代もさまざまですし、業績評価が高い人もそうでない人もいます。

野澤　これまでは早期退職者の多くは、完全に会社と縁が切れてしまう傾向でした。しかし、NHに移った元社員は、おおむね仕事や人を介して電通との良い関係を継続しています。メンバー自身が仕事の契約先を決めるのが大前提ですが、電通やグループ会社からの仕事を受注しやすくなりました。その意味では、電通にとっても自社の社員ではなくなりはしたが、むしろ人材ロスは減ったといえます。

――なるほど。興味深い発想の転換ですね。この仕組みをつくった結果、元の企業とも良い距離を保ちながらアルムナイ（企業を離職・退職した人の集まり）がつながり、相互にメリットを享受し合えるパートナー関係ができているわけですね。

運営調整役を申し出た「クルー」が仕事とメンバーをマッチング

――NHのメンバーは個人事業主や法人代表としてNHと業務委託契約を締結しており、上司と部下のような指示命令関係にはないわけですね。その中で、プロフェッショナルな業務委託メンバーの活躍を支援する「ライフシフトプラットフォーム」の運営・マネジメントは、どう組織化・仕組み化されているのでしょうか。

山口 「ビジネス・ユニット」には、リーダーであるマネジャーがいて、その下で運営調整役に携わりたいと希望したメンバー十数人を募り「クルー」を構成し、依頼されてくる仕事のさばきを担っています。クルーは、それぞれ実際に仕事を受託するメンバーとの契約事務や顧客とのやりとりを行っています。おっしゃるとおり、そこには指示命令関係はないので、すべて話し合いで決めています。

——では、仕事のギャラの設定はどのように行っているのですか。一番気になるところだと思うのですが。

山口 クルーが依頼のあった仕事内容とギャラの総額をメンバーに提示して、その条件で仕事を担いたいというメンバーとの合意の上で受託します。

野澤 元スター的なメンバーで、かつての電通時代ならかなりの高額で受注していた人でも、組織の縛りが外れたことで、驚くような安いギャラで受注するケースもあります。「郷里に貢献する仕事だから、これだけは絶対やりたい」といった例もあります。

スキル向上に努めながら市場価値を高め、自立を目指す

——業務委託の10年間とはいえ、NHはメンバーに対して一定の報酬を保障する仕組みで

すね。報酬原資の確保を含め、ＮＨの経営はどう成り立たせていますか。

山口　メンバーへの最低限の報酬の原資は、電通が担保しています。しかし、それに頼り切るのではなく、ＮＨが受け付けた仕事を受託し、インセンティブ報酬を受ける部分や、メンバー自身が仕事を開拓して徐々に直接受注を増やすことで、自立への努力を続けていくことが前提です。

――今までの会社員の立場から独立したメンバーの仕事に対する値付けが課題だと思うのですが、メンバーの価格交渉力や相場観はどうでしょうか。

野澤　そこは一人ひとり、本当にさまざまですね。

山口　要は、その仕事の条件で「やりたい」か「やりたくない」か、「あまりやりたくないが、報酬がいいので受ける」「報酬はいいが、自分としてはやらない」など、完全にマーケットとの交渉です。ただ、昨年はメンバーも初めてなので、実績を積むためかなり安価でも受ける例もありました。

しかし、あるメンバーの例では、企業経営のアドバイスをする仕事で、当初は本当に個人で受注できるのか不安だったのが、気が付けば引っ張りだこで、かなりいい報酬で受注できるようになりました。少しずつ本人が学習し、「もう少しこうすれば良かった」「次はこう工夫しよう」とスキルを上げながら、徐々に市場価値を上げた結果です。

――相場形成も、メンバー各自がさまざまな仕事のオファーを受けながら、徐々に自らつくっていくのですね。会社の看板に頼らず、自分の看板でご飯を食べていく能力開発にも通じますね。

野澤　その点はNHの課題というより、メンバー一人ひとりの課題ではないかと思います。いかに自分のスキルと価値を磨き、報酬単価を上げていくのか、自分自身の努力にかかる部分ですね。

仕事の分担も報酬の分配も、メンバーの話し合いで決める

――依頼のあった仕事に対してメンバーでチームをつくり手掛ける際に、リーダー決めやチームづくり、報酬の分配はどうされていますか。

山口　ある仕事を複数メンバーがチームとして受けた場合、その中から1人のプロジェクトマネジャーを立ててもらい、その人に責任をもって進めてもらいます。仕事上の役割分担もチームで話し合って決めてもらいます。NHが一つの仕事を外部から受け付け、メンバーやチームに委託する場合のフィーの割合は決まっています。それをチーム内でどう案分するかも、話し合いで決めてもらいます。仕事の比重の重い人に多めに配分するのか、みんなで均等に仕事とフィーを分け合うのかなど、自由に決めてもらうのです。

――それは、話し合いでうまく決まるものですか。

野澤　はい。今まで、もめたり、けんかになったりするケースはないですね。もしも同じ報酬を分け合ったのに、サボるような人がいたら、もう二度とその人と一緒に仕事はしないでしょう（笑）。お互いにそうした事態は避け、信頼し合えるように調整しているのだと思います。思った以上にうまくいっています。むしろ、「この程度のことは、こっちで引き受けるよ」などと、お互いに助け合いながら、チームとして生産性を上げているように見えますね。

――それは素晴らしいですね。

独立して活躍できる人とできない人の違いは「行動力」にあり

――現在226人のメンバーのうちで、順調に仕事やキャリアを開拓して活躍できる人と、そうでなくモヤモヤしている人など濃淡はありますか。あるとすれば、違いの原因は何でしょうか。

山口　当初思ったほど、ずっとモヤモヤし続けている人は少なく、現時点でせいぜい10人程度だと思います。活躍し始めた人たちの中にも差があるのですが、よりうまくいっている人は、能力の高低以前に行動力のある人だと感じます。ある女性メンバーは、いろいろなところに顔を出し、ネットワークを広げる中で、自分が今まで身に付けてきたスキルを進化させつつ、どんどん仕事にして、とても忙しそうです。大企業にいた時の感覚のまま待っていて自然と仕事が回ってくるわけではありません。いくら優秀でも自分から仕事を見つけに行かないと、仕事は来ない。その意味では、行動力が一番大事です。

野澤　また、モヤモヤしている人も、決して1人で内にこもっているわけではありません。自由な時間を使って「自分は何ができるのだろう」「何が本当にやりたいのだろう」と、いろいろな人と会っては話をして、むしろモヤモヤを楽しんでいるような人もいます。こうして人と関係することを通して、だんだんとモヤモヤは晴れてくるものです。いろいろなことを試してみて、その中から「やっと自分がやりたいことが分かった」と気づきを得ていく人を何人も見てきました。ですから、決してモヤモヤすることは無駄ではないのです。

――チャンスをつかむには行動力が大事という話と、悩みながらも行動していろいろな人と出会いながら自分が見えてくるというのは、本当にそのとおりだと思います。キャリアチェンジに向けてはモヤモヤ期間も大切なわけですね。私も著書や講演の中で、ミドルの学びは単なるインプット学習だけで終わらせず、アウトプット学習も大切だと述べているのですが、組織の中にいるままでは、それが難しい局面もある。それがNHというチャレンジの場があることで、とてもうまく機能していることがよく分かりました。

誰でも自分を「棚卸し」すれば、できることは見えてくる

――クリエーティブや営業など専門性のある職種の多い電通であれば、個人事業主として独立を視野に入れるミドル社員も多くいるのでは、との見方もありそうです。専門性を自覚できずにいるミドル社員を多く抱える他の大企業でも、「ライフシフトプラットフォーム」による個人事業主化支援は可能と思われますか。

野澤　絶対にできると思います。

――心強い返答ですね。それはなぜですか。

山口　電通のクリエイターといっても、専門性のとても高い人もいれば、そうでない人もいます。また、営業職やコーポレートスタッフは、どの企業にもある職種です。それらの普通の人たちが、実際に活躍できているのです。

大事なことは、会社で培ってきた経験をしっかり棚卸しすることです。そして、自分は何ができるのか自分自身でも考え、また他人の意見も聞き、明らかにしていくことです。「アカデミー」で講師になるための取り組みでは、自分が人に教えるためのプログラムをつくります。そのためには、自分の仕事を可視化し、その価値とスキルを分かりやすく

伝えるために整理することが必要です。自分の仕事を丁寧に棚卸しすると、自分にもできることが多くあると気づくのです。20年間仕事を続けてきた人に何もないわけがない。今までの会社で当たり前のようにやってきた仕事や人脈などで、他社や中小企業の経営や仕事に役立つことは実はとても多いのです。

――私も全く同感です。実はその答えを期待していました（笑）。そのことに気づけずに、自信をなくしているミドルが多いのが実情なので、勇気の湧いてくる話ですね。

より多彩な出会いとスキルの掛け合わせが、イノベーションを生み出す

野澤　現在のNHは、電通のみのOB・OGの集まりですが、それでも異なる部署や職種のメンバー同士が仕事の棚卸しをし合えば、今まで見えていなかった自分のスキルや価値に気づきます。光の当て方次第で、これまで見えなかった新しい自分が浮かび上がってくるのです。

ですから、今後他社から独立を目指す多様なメンバーと一緒にチームを組めば、さらに発見の可能性が広がると思います。一人ひとりが持っている暗黙知は実はとても豊富なはずです。それが他社の目で見ると「それ普通じゃないよ」「すごいじゃないか」と認識さ

れて、新しい才能として発掘され、活かされるのです。

山口 例えば、地方銀行の支店長やベテラン行員なら、その地域の中小企業のことをすごくよく知っています。そうしたOB・OG人材と、電通OB・OGのマーケティング・ソリューション担当者が組めば、すごい力が発揮できるかもしれない。チームの組み方で、可能性は無限にあるのです。1人で課題に取り組まなくても、新たな仲間と一緒に組んで解決していけばいいという発想も大事だと思いますね。

野澤 2022年1月にNHで新たに発足したユニット「売れる仕組み創造室」では、プロのよろず相談としてビジネスの困り事に応じた人材を集めてチームを組み、解決を支援します。例えば、高級フルーツでとてもおいしいのに日持ちがしない「お悩み商品」がある。一方で、すごく優れた冷凍技術者がいる。両者が一緒になったことで「それを凍らせてしまえばいい!」とWin-Winで解決できたわけです。

――出会いによるスキルの掛け合わせで、イノベーションが起こせたわけですね。

野澤 そうなんですよ。人と人、スキルとスキル、仕組みと仕組みをつないでいくことが価値を生む時代ですので、このプラットフォームが、その機能を果たせるはずです。

ライフシフトにチャレンジする仕組みと実践を創り出す

――もはや企業による終身雇用は崩れ始めており、企業が社員をただ囲い込んでおく時代は終わりつつあります。優秀な若い世代は、既にそのことに気づいており、自分が成長できキャリア自律を果たせる仕事と職場を選ぶ傾向も出てきています。NHの立ち上げの検討も、「会社員という働き方の限界」という問題意識から始められたとも伺いましたが、これからの会社、働き方はどう変わっていくべきか、また変えていきたいか。大きな質問ですが、いかがですか。

山口　高年齢者の雇用を延長する施策もいいですが、ではいったい何をして働いてもらうのかという解がないわけです。国がこの課題を各企業に押し付けてもやり切れず、かといって国が一律に決めてやるのも難しいでしょう。また、当の中高年世代にも、自分たちの人生後半のキャリアをきちんと考えてこなかった責任がないとはいえない。このままでは、若者世代からは「重荷でしかない中高年者は出ていけ」となってしまい、それはとても残念です。

ですから、ミドル・シニアが自らライフシフトするためのチャレンジと安心のバランスの取れた滑走路になる仕組みを、本人と企業、また国もサポートする形で、何らか創っていく必要があります。私たちの取り組みは、その一つの実験だと考えています。

ミドルの新しいコミュニティーが社会に価値貢献

野澤　NHで1年間やってみて、あらためてコミュニティーの大切さを感じます。自分は一つの大切なコミュニティーに所属できているという安心感が、働く上で大事な基礎だと思うのですが、いまや会社のコミュニティー機能は不全に陥っています。

また、コミュニティーでは助け合いが大事ですが、それはまず自分が持っているものを差し出すことが始まりです。しかし、今の会社では「自分はできるだけ差し出さずに、できるだけもらおう」となりがちです。ミドル人材の問題もそこにあって、「一番働かないのに、一番多くもらっている世代」になってしまっている。ただ、ミドル側からすると、「自分も本当は差し出したいのだけれど、誰も受け取ってくれない」という不健全な状態ともいえます。

そこで、ミドルが会社から出て独立して、個人事業主同士だからこそ一緒に新しいコミュニティーをつくりやすくなる。そんな小さなコミュニティーがたくさんでき、その中でミドルが助け合いながら自分たちの持っている価値を提供して社会に貢献できるなら、いいですよね。もしかすると、明治時代や大正時代にはこうした小さなコミュニティーがあちこちにたくさんあったのではないでしょうか。「三方よし」など、もともと日本人がとても大切にしていた商いの精神が、再度注目されているように思います。

――本当にそうですね。今は日本の働く人の8~9割が雇用労働者ですが、戦後すぐには多くが自営業と家族従事者だったわけです。そして、顔の見える商売というのは、まさにまず自分ができることを差し出して、お客さまの役に立ち、「ありがとう」の対価としてお代をいただくというものですね。おっしゃるように、今はそこへの揺り戻しと、その価値の再認識が進んでいるのかもしれません。

私は、大企業ミドルの独立は、若者の起業とは基本的に異なると考えています。若手起業家のスタートアップは、いわばゼロからイチを創り出すものです。これに対しミドルはそれまで培ってきた知識やスキルを活かし、役に立つ相手を見つけて提供していくもの。つまり、既にあるもので報酬を稼ぐわけですから。

野澤　若者の起業は新しいアイデアや仕組みで勝負ですが、われわれミドルの場合、結局は「人」に磨きをかけるしかないのではと思います。コミュニティーの中で信頼を得てうまくやっていくには、とにかく「いい人」であることが第一です。「いい人」って、すごく大事な職能だと思うんですよ。

――全く同感です。ミドル・シニアで独立して活躍している人を見ると、結局は先ほどの話にもあった行動力と、もう一つは正直であることが大事ですね。「この人なら信頼できるので、一緒に仕事をしたい」と思える人であることが、何より大事です。

NHという先駆的で壮大な実験から見えてきた、個人にとっても会社にとってもさまざまな可能性と希望を伺うことができました。ぜひ多くの企業と連携したミドルの「ライフシフトプラットフォーム」として大きく育て上げてください。本日は、どうもありがとうございました。

【資料出所】 マイナビニュース 連載「人を活かす会社の最前線」の以下記事を基に一部加筆修正

①2022年6月6日「第1回 平均年齢52歳の元電通社員226人が目指す『幸せな独立』への滑走路―ニューホライズンコレクティブ合同会社の挑戦」

②2022年6月6日「第2回 独立して活躍できるミドルとできないミドルの違いとは？―ニューホライズンコレクティブ合同会社の挑戦」

インタビュー後記

前川の考察

人材囲い込みから、人材流動前提の人材育成の時代へ

人的資本経営がうたわれる時代。終身雇用、年功序列、企業別労働組合の「三種の神器」が強みとされた日本型雇用慣行の限界が指摘され、メンバーシップ型からジョブ型へ、社内人材の囲い込みから流動化促進へと、雇用の常識が様変わりしつつある。背景にあるのは社会・経済のグローバル化、第４次産業革命、ダイバーシティ、人生１００年時代の到来といった大きな変化の波だ。

日本型雇用の弊害の軌道修正が求められる中、大きな課題の一つが中高年人材の活躍だ。

２０２１年に、65歳までの雇用確保から70歳までの就業機会確保へと改正高年齢者雇用安定法が施行された。まだ努力義務とはいえ、国が中高年人材を企業に留め置こうとする中で、中高年社員のキャリア自律が進まないままでは、雇用保蔵者を増やし、企業経営を圧迫しかねない。解雇がしにくい日本企業は中高年社員を正面から辞めさ

せることは難しく、希望退職の募集やアウトプレースメント（再就職支援）による事実上のリストラを進める例も多い。

そうした中で、NHの取り組みは二つの点で注目に値する。

第一に、中高年社員を単に退職させるのでなく、キャリア自律のための滑走路を用意し、本人が希望する独立形態に向けた階段となっていること。本人との一定期間の業務委託契約を保証し、自己啓発と独立への試行錯誤の期間を確保し、本人が蓄積してきた経験値を活かしたセカンドキャリア形成を応援している。

個人事業主になる際や会社をつくって独立した際に悩むのが、自分の仕事に対する値付けだ。NHでは実際の案件を通じて相場観形成ができていくとともに、単に報酬が高いから受ける、安いから受けないではなく、自分がやりたい仕事なら安くても受けるという自己決定が可能なことも魅力だろう。まさにキャリアオーナーシップであり、お金や肩書ではなく、働きがいを物差しに変えるからこそ、セカンドキャリアは充実していくはずだ。

第二に、アルムナイネットワークの未来形を示唆している点だ。元電通社員でありNHメンバーであるネットワーク・コミュニティの中で、キャリア自律を果たした中高年人材がビジネスパートナーとして協業し応援し合う。将来構想では、「ライフシフトプラットフォーム」といった他企業や個人にも開かれたネットワークに育てたいとのこと。

日本型雇用の弊害として、各企業が閉じた組織で、人材の新陳代謝や流動化が進まず、イノベーションも阻害されることが挙げられる。ＮＨの取り組みは、企業間の壁を低くし、人材がより自由に交流し支え合うオープンなネットワークに変える挑戦でもある。

そもそも定年退職は世界的にも珍しい解雇の仕組みであり、年齢差別といわれることすらある。人生１００年時代。60歳や65歳でいきなり会社から離れ、元気な身心を持て余し悩むシニアも少なくない。人材囲い込みから、人材流動前提の人材育成や活躍支援が模索される時代。40～50代からキャリア自律を目指し、独立できた個人同士がつながり合いながら、イキイキと働けるビジネス社会を創るという壮大な社会実験としても期待される。

株式会社ローランズ

〝優遇〟では個人も組織も成長しない。障がい当事者75％のチームで「排除なく、誰もが花咲く社会」を目指す！

話し手　福寿満希《ふくじゅみづき》氏（代表取締役／フローリスト）

株式会社ローランズは、２０１３年創業のスタートアップ企業。「排除なく、誰もが花咲く社会」の実現をビジョンに掲げ、フラワー事業、緑化事業、フード事業、企業連携事業、福祉事業などを多彩に展開。スタッフ60人中45人＝75％が何らかの障がいや難病と向き合っている。提供する商品・サービスの質は高水準かつエコロジカル。スタッフ一人ひとりの「その人らしい働きがい」を育むダイバーシティ経営で、ソーシャルビジネスに取り組んでいる。

本インタビューでは、代表取締役の福寿満希氏に、起業に至る経緯、ビジョンやミッションに込めた思い、障がいや難病と向き合うスタッフの活躍支援と企業経営との両立の現状、今後の展望などの話を深く伺った。

「小さな幸せを見つける天才」

――学生時代の教育実習での鮮烈な出会いが原点

――御社はフラワー事業を中心に、障がいや難病に向き合う人の就労支援と、質の高い商品・サービスづくりを両立されています。その現状や成果を伺いたいのですが、それに先立ち、会社設立に至る背景をお聞きします。福寿さんが大学で特別支援教育の免許取得を目指したことが、現在の会社の活動につながっているとのこと。そもそも特別支援教育を志した経緯や、その学習の過程で感じた思いをお聞かせください。

福寿　実は、私はテニスの推薦枠で大学に進学しました。でも、入学すると周りはオリンピックを目指すようなすごい人たちばかり。全国大会で勝てる程度では、とうてい選手としてやっていくのは無理だと思い知らされ、自信を失ったんです。

――**スポーツ推薦を受けるほどの実力で、それまで順風満帆だったのに、初めて挫折したわけですね。**

福寿　そうです。そこでスポーツマネジメント関連の仕事は志望しつつも、将来を模索するため何でも勉強しようと大学では多くの単位を取りました。中高教諭と特別支援学校教諭の免許取得もその中の一つでした。それまで、障がい当事者に直接関わる機会はありませんでした。

――その教育実習での出会いに大きな衝撃を受けたとのこと。当時の様子を伺えますか。

福寿　普通学校での教育実習は4週間で、特別支援学校はその半分です。ところが、1年分くらいに感じるほど心に残る濃い2週間でした。担当の子どもたちとは1週間ですっかりなじみ、2週間が終わるころには離れ難いほどでした。中には、余命が限られた子もいました。でも、自分のできることを一生懸命諦めずに行い、誰かに助けてもらったときは丁寧に「ありがとう」を伝えてくれる。ささやかな出来事にも素直に喜ぶ姿に、「小さな幸せを見つける天才だ」と思いました。それに比べ、私は自分ができないことや持っていないことばかりに目が行って悩んでいる。子どもたちから「自分が持っているものに目を向ける大切さ」を教えてもらい、人生観が大きく変わりました。

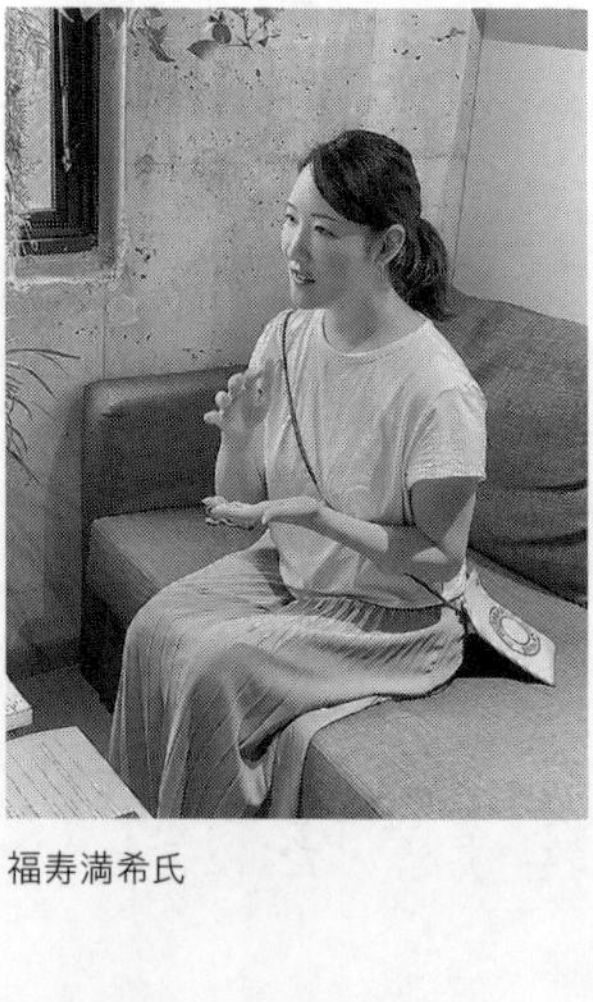
福寿満希氏

「3年待たずに、石から降りろ！」
——起業の背中を押してくれた先輩経営者の一言

——本当に鮮烈な出会いでしたね。でも、特別支援学校の教員に進まなかったのはなぜですか。

福寿　特別支援学校は、自分が想像していたより教育現場の体制が手厚いと感じたのですが、学校を卒業した子どもたちの就職率は当時15％程度と低く、卒業後の社会参加の課題が強く印象に残りました。将来、障がいと向き合う子どもたちの就職先を自分がつくりたいと思いました。しかし、当時はその手段を持っていなかったので、まず大学卒業後の進路として、もともと志望していたスポーツマネジメント関係の仕事に進み、ビジネスを学びに出ました。

——なるほど。だからスポーツ選手等のマネジメント企業に就職したのですね。そこで、ソーシャルビジネスに出会うきっかけを得たと伺いました。具体的にはどんな仕事で、どう感じられたのですか。

福寿　スポーツマネジメントの仕事は、とてもやりがいがありました。入社当初の配属が、プロ野球選手のマネジメント部署で、そこで選手の社会貢献活動の企画運営を担当したことがありました。具体的には、東日本大震災で被災した子どもたちが、夢を諦めることがないように願いと応援を込めて、さまざまな球団の選手たちが集まって野球教室を開く活動に関わりました。また、子どもたちに食の大切さを知ってもらおうと、選手が一緒に農作業をして畑で野菜を育てることで、食卓に食べ物が届くまでにたくさんの時間がかかり、多くの人が関わっていることを、体験を通じて伝えていく活動もありました。社会課題への取り組みはボランティアでしかできないと思っていたので、仕事をしながら携われる方法があることを知ることは新鮮でもあり、意義も感じました。これが、後にソーシャルビジネスという言葉を知るきっかけです。

――もともとの問題意識に合致したわけですね。その後、間もなく退職して起業されるわけですが、なぜ転身したのですか。

福寿　担当していた活動は、多くが選手の自己資金や企業からの協賛で成り立っていました。しかし、選手の引退や企業の協賛撤退によって、どんなに意義のある活動も簡単に立ち消えるなど限界も感じていたんです。社会貢献活動を継続するには、お金を回す仕組みが欠かせないことも知りました。そうするうちに、営業部門への異動辞令が出たのですが、社会的意義につながらない収益を増やすために数字を追いかけることは、仕事をするモチベーションになりませんでした。そのタイミングで退職と起業へと踏み切りました。両親が郷里で自動車関連事業を営んでいたので、働く選択肢はサラリーマンだけではないと知っていました。心のどこかで、いつかは自分で事業経営ができたらという考えが自然にあったのだと思います。

――実家が自営業で、もともと起業の素地があったのですね。また、単に利益を追求する仕事には納得がいかなかった。それにしても、独立起業に不安はなかったのですか。

福寿　実は、知り合いの先輩経営者に、いつかは起業したいと話したところ、「『一生、起業準備中』の人にはならないように」と言われて、ハッとしました。思いがあるなら「3年待たずに、石から降りろ！」と背中を押されたのです（笑）。時間を無駄にせず、1年でも早く先に進みなさいと。

――「石の上にも三年」の真逆とは…変化の時代、やりたいことがある人にとって素晴らしい名言ですね。

花を素材に、ソーシャルビジネスへの展開を図る

――起業に際し、フラワービジネスに着目したのはなぜですか。

福寿　通勤途中に花屋さんがあって、仕事で悩んでいる時に立ち寄ると、とても癒やされました。花が人のメンタルを明るく前向きにしてくれる効果を実感したのです。花を少し

でも多くの人に届け幸せにすることで、人の心の問題を解決することができ、増えていく精神障がいの当事者数を減らすことに貢献できるのではないか。これがソーシャルビジネスになるのでは、と考えました。今思うと、とても浅はかなのですが（笑）。そこで、フラワーアレンジメントの技術を身に付けようと勉強を始めました。次第に仕事を受注できるようになり、少しずつ収入も得られるようになりました。何より作品を渡した時のお客さまの喜んでいただける反応を間近に見て、とてもやりがいを感じました。退職直後は花屋で修業をして、自宅の一角を使って1人で開業したのが2013年です。

――1人で自宅開業して、そこから障がい者雇用に至るまでの道のりはどのようなものでしたか。

福寿 紹介がつながり、花の注文は次第に増えました。起業2年目で、自宅の近くにアトリエを借り、アルバイトを数人抱えました。でも単に花を装飾して、お届けして、お代をいただく。それだけでは、〝ただの花屋〟になってしまっていると気づきました。花屋だからこそできる、社会課題へのアプローチとは何かと考えました。まずは、商品づくりで残った花を廃棄せず、再生紙に変えて名刺やはがきやスケッチブックを作って販売する事業を始めました。花の再生紙を販売して資金を得て、また新たな花を再資源化するという、環境にも優しい循環型の仕事ができ、一つの自信になりました。もっと何かできることはないかと考えているところに、障がい福祉団体からフラワーアレンジメントのレッスンの依頼が入ったのです。

レッスンには、大人の障がい当事者30人ほどが参加されました。中には企業の管理職だった方もいて、精神疾患になり休職していたが戻ったころには既にポストがなく、失職したとのこと。一度、障がい当事者になると、その後の就職が困難になる例は多いのです。特別支援学校の子どもたちと同じ課題に、後発の障がいや病気と向き合う大人が直面している実態を知りました。そこで、自分たちが〝花屋さん〟と〝就労困難な状態にある人たち〟を結び付け、心を整えながら働ける場所を提供できないかと考えたのです。ちょうどその元管理職の方は、普段は寡黙ですが、レッスンで花に触れると表情がとても明るくなり、作業にも熱心でした。花は受け取った人の心だけでなく、仕事で花に触れる人の心も整える効果があるのだと感じました。早速、その方を実習で受け入れて、障がい者雇用の第1号として就職いただきました。起業から3年目のことです。

――特別支援学校の子どもたちとの出会いで芽生えた課題感とつながったのですね。

仕事を通じて「目指す社会」を言語化し、共有することで、幅広いコラボレーションを実現する

——ここで、あらためて御社のビジョン、ミッション、バリューの意味と、込めた想いを聞かせてください。

福寿　当社のビジョンで目指す「排除なく、誰もが花咲く社会」とは、人には十人十色、百人百様の〝咲き方〟があることを認めるものです。自分を周りと比べなくても大丈夫。自分が納得した咲き方ができれば120点！という考え方です。他人だけでなく、自分のことも含めて誰もがお互いを排除することなく、受け入れ合える社会にしたいという想いです。

そのために私たちの会社ができることは何かと考え、ミッションである「色のある事業を通じてマイノリティの働くを彩る」と、三つのバリュー「社会的意義と品質」「人と環境」「パートナーシップと柔軟性」という価値を社会に提供することを定めました。障がい者の就労の場は、「狭くて、暗くて、遠い」イメージです。世間から見えないバックヤードで、淡々とこなす単調作業が多い。そうではなく、よりオープンな場所で明るい気持ちで働けるようにしたい。ローランズ原宿店の造りでも心掛けたことです。一人ひとりのその人ら

しい〝働く〟に彩りを添えていく場にしたいのです。

ローランズが提供する商品づくりには必ず障がい当事者が関わり、かつ環境に配慮しています。いくら利益が上がるものでも、その条件を満たさない仕事は受注しません。かつ、〝障がい当事者が作るものだから買っていただく〟のではなく、品質をしっかり保つことで、心から買いたいと思っていただき、リピートしていただけることを重視しています。

――このお店もとてもおしゃれですてきですし、提供されている商品もきれいで人気がありますね。

福寿　ありがとうございます。商品やサービスを通じて、人と環境に働き掛けていきますが、それも自分たちだけで完結するのではなく、取引先や他の企業・団体とも良きパートナーとして協働していくことを大切にしています。障がいと向き合う人の中には、変化に適応していくのが苦手な方もいます。その点は、まさに植物のように、周囲の環境に合わせて育ち方を柔軟に変えていくことを目指していこうと考えています。

実は、私たちがビジョン、ミッション、バリューをしっかり定めたのは、ここ数年のことです。それまではスタートアップ企業として走ってきましたが、「自分たち目線」ではなく、自分たちの仕事を通して、どのような社会をつくりたいかを明確にしなければと考えました。他の企業や団体と幅広くコラボしていく上でも、私たちが目指すものを言語化して、内外で共有できることが大切だと考えました。そこで、外部パートナーの皆さんにも協力いただき、何度も何度も話し合いを重ねて、1年がかりでやっと言葉にできたものです。

――とてもよく分かります。ビジョンを実際の言葉にするのは、思いのほか難しいことですよね。すっと胸に入るすてきなビジョンですが、出来上がりまでには多くの時間と労力がかかったのですね。

一つの行動が、次のチャンスや発展へとつながる

――1人目の障がい者雇用を果たしたのが、起業3年目の2016年。その後数年で従業員60人のうち45人の障がいや難病と向き合うスタッフを雇用するまでに成長しました。法定雇用率2・3%の達成に苦労している大多数の企業から見ると、まさに奇跡の経営です。節目となるエピソードをお話しいただけますか。

福寿　企業として障がい者雇用を大きく増やすことは難しかったので、一般社団法人ローランズプラスを設立して、就労継続支援A型事業所の認可を受けました。一般就労が難しい障がいや病気と向き合う人が、雇用契約を結び、一定の支援を受けながら働ける障害者総合支援法に基づく福祉サービスの一つで、最低賃金以上の保障や社会保険の加入も伴い

ます。花屋で働きたい人はとても多く、希望者が殺到しました。その状況を知った日本財団が、都市型の店舗を共同プロジェクトで立ち上げる機会をくださり、2017年にカフェ併設型の花屋を原宿にオープンできました。障がい者雇用を行う事業者に対してなかなか物件の貸し手がなく、しかも東京の都心部でこのような挑戦ができたことは本当にうれしかったです。今度はメディアに多く取り上げていただき、それを見て〝働きたい〟という人が増えてという、好循環になりました。

――〝まず行動すること〟が大事だったわけですね。動いていれば、見てくれる人が必ずいる。それが次の発展にもつながった、ということですね。

福寿　そうですね。ただ、私はきちんと経営を学んだことがなく、しばらくは手探りでやってきました。ローランズが組織としての形を整える上では、2019年度にソーシャルベンチャーの経営支援を行う団体である外部パートナーから経営の伴走支援を受けたのが、組織づくりに取り組むきっかけになりました。財務管理や経営や事業戦略の設計、それまでなかった管理部の設置など、より多くの雇用を生むために必要な組織づくりがスタートしました。会社のビジョン、ミッション、バリューづくりなどを行ったのも、その時です。

――組織整備も経て、今では都内の2店舗を含め合計5拠点で、スタッフ60人のうち45人の障がいや難病と向き合うスタッフを雇用する規模にまでなったのですね。障がい当事者

であり、花づくりも初めての人を採用して、研修や配属はどのように行ってきたのですか。

福寿　支援体制としては、1人のベテラン・スタッフに、5人前後の障がい当事者がアシスタント・スタッフとしてついて業務を行います。花づくりは、複雑な作品でも、工程を細分化すれば、すべてシンプルな業務に分けられます。そこで、本人が得意な工程をまずは一つ選び、何度も繰り返し練習し、特化した業務のプロフェッショナルを育て上げます。本人の得意なことを組み合わせて、トータルで業務効率をアップさせることを行っています。かつて、各自にすべてのパートを担当してもらおうとしたところ、苦手な作業に自信をなくし、辞めてしまう例もありました。しかし、得意な仕事なら、働く日々を重ねるたびにどんどん自信がついていきます。また、ローランズでは、社内ジョブ・チェンジも積極的に行っています。「フラワー」「グリーン」「カフェ」など各事業の異なる繁忙期に、スタッフに相互の応援に入ってもらいます。今より自分に合った仕事があれば異動し、活躍してもらいます。社内ジョブ・チェンジのチャンスは何度でもあります。一般に、精神障がい者の仕事の1年定着率は49・3%といわれるところ、ローランズでは70%です。

――それは素晴らしいですね。そこに至るまでには困難や試行錯誤もあったのではないですか。

障がいや難病に対する〝優遇〟では個人も組織も育たない。〝1人への配慮が社員全員への配慮につながること〟が大事

福寿　実は、障がい者雇用を始めた初期のころ、障がい当事者への配慮が〝優遇〟や〝特別扱い〟になってしまい、失敗した経験があります。本人たちは支援してもらうのが当たり前になり、仕事が終わらなくても他人に任せて引き継ぎもせず帰ってしまう。その仕事がゆっくりでも、当事者には最低賃金以上が支払われます。支援スタッフ側は残った仕事に追われて、何のための支援かとモチベーションを下げ、辞めていきました。障がい当事者も結果的に疎まれ、孤立してしまいました。配慮が行き過ぎると、とんでもないことになると痛感させられました。

そこで、支援スタッフは障がい当事者ができない仕事を巻き取るのでなく、どうすれば障がい当事者が仕事を主体的にやり切れるかの工夫を考え、環境整備に徹する役割に切り替えました。その結果、強みを活かした細かな役割分担に行きつき、障がい当事者が責任を持って仕事を完結できるようになったのです。すると、「もっと仕事を任せてください」と働く姿勢が変わり、自分のできることが増えるように学んだり、自分が習得したことを周りの人ができるように伝えたりするようになりました。仕事への姿勢が大きく変わり、

職場に活気があふれるようになりました。

——それは、障がい当事者のみならず、多様なすべての人たちの人材育成や活躍支援に通じる本質的な話ですね。自分の役割意識をしっかり持ち、自信と責任を持って任された仕事をやり切ったときにこそ働きがいを感じられるのは、働くことの真理ですね。

福寿 私は、企業の方に障がい者雇用の話をする際には、「一部の障がい者を〝特別扱い〟することは、決して本人のためにも会社のためにもなりません。〝1人への配慮が社員全員への配慮につながること〟が、企業の発展を支える本当のプラスの効果です」と伝えています。

——みんなが等しく、同じ視点でお互いに配慮し合える組織になることが大切ということですね。まさに、ダイバーシティ、エクイティ&インクルージョンの経営です。御社での仕事を通して、特に成長や活躍が見られた当事者スタッフのエピソードも教えてください。

福寿 発達障がいに向き合い、これまでは一つの職場に最長でも3カ月しかとどまれなかった男性が、ローランズでは7年間働いています。本人が言うには、ここには自分と同じ体験をしてきた人がいて、一緒に悩みを共有できるとのこと。また、自分の経験を基に相手の相談に乗れるので、自分の過去を肯定できるようになったと話しています。一般的に企業の障がい者雇用は100人の中に1~2人だけが入るような形ですが、職場に共感し合える仲間がいることが大きいのです。

また、低身長の難病があり、これまでアルバイトに応募してもどこも不採用だった女性が、現在ローランズでは花屋の店長をしています。「これまでの自分は『できない理由』を他人や環境のせいにしていたけれど、ここではその理由がない。だから、自分に障がいがあることも忘れて働ける」と話してくれます。その女性は、もともと能力と本人の努力があり、今では店舗の予算管理や人材育成も行っています。

大人になってから精神障がいを発症した女性は、今まで週1日・数時間働くのがやっとだったのですが、ローランズで少しずつ「働く体力」をつけて、今では週5日・1日8時間働けるようになり、正社員としてカフェの店長に昇格しました。身体的な体力の回復以上に、自分の仕事の分担がはっきりしたことで、「自分が行かなければ仕事が回らない」と当事者意識と責任感が生まれ、休むことがないよう体調を整えることができたと話しています。

――いずれも素晴らしい成果です。自分が果たす役割や仕事が明確になり、信頼して任され、自信ができたことが、前向きに働ける力になっている点が共通していますね。

ＫＰＩは売上高でなく障がい当事者の雇用人数。新たな企業・団体連携による共同雇用の在り方も模索

――起業して20年で半分が消えていくといわれるほど、経営の舵《かじ》取りは難しいものです。障がいや難病と向き合うスタッフの育成や活躍と、会社を持続成長させる経営を、どう両立しているのですか。

福寿　会社のＫＰＩ（業績評価指標）には、売上高だけではなく、障がい当事者の雇用人数を置いています。「今期は何人分の雇用をつくろう」と目標を設定し、そのために必要な売り上げを見定めるという順序で考えます。社会的意義に重心が行き過ぎて、商品を同情で買ってもらうようではいけません。まず商品が素敵であることが第一で、その事業プロセスに障がいと向き合う人がどう関われるか、社会課題の解決を乗せていけるかと考えます。

――なるほど。会社の目的は、あくまで障がい者の雇用拡大。そのためには一定の売り上げ・利益が欠かせない。この順序が大切ですね。なおかつ寄付や同情は本来の姿ではなく、持続性もない。あくまでもリピートしたくなる素敵な商品で勝負ということですね。素晴らしくまっとうな経営ですね。

御社では、東京都国家戦略特区と連携し「ウィズダイバーシティ有限責任事業組合」を設立し、障がい者の新しい雇用創出の在り方も模索されていますね。その意義や可能性についいて、お聞かせください。

福寿　これは2020年からスタートした取り組みで、今まで分断されていた中小企業と障がい福祉団体が連携して、障がい者の雇用を共同で生み出す試みです。働きたい障がい当事者は多いのに、個々の中小企業は雇用しようにもノウハウがない。一方、障がい福祉団体は支援や雇用ノウハウはあっても、十分な仕事がない。この取り組みでは、中小企業が持つ〝仕事をつくり出す力〟と、障がい福祉団体が持つ〝障がい当事者が活躍できる環境をつくる力〟を組み合わせ、チーム（組合結成）となって障がい者雇用を共同で生み出します。一定の要件を満たせば、「算定特例」という制度を活用して複数企業で雇用を合算することができますので、複数の企業や障がい福祉団体を一つの企業とみなして雇用に取り組むことが可能となります。2023年4月時点では、7社のチーム（組合）を結成し、合算常用雇用数は1680人。障がい者の必須雇用数が38人のところ、56人を雇用しています。分断されていた中小企業と障がい福祉団体が協力し合うことで、法定雇用率を大きく上回ることができています。

――今後の可能性が大いに期待できる取り組みですね。

障がい者が社会課題を解決する主体になる

――互いに支援し合う、やさしさが循環する社会へ

――最後の質問です。御社が目指す「働きがいのある会社、社会」とは、どのようなものですか。障がいや難病と向き合う人自身にとっての働きがいの視点から、またダイバーシティ、エクイティ＆インクルージョン経営の視点から、お考えを聞かせてください。さらに、今後の御社の人材育成、人材活躍支援の展望や抱負があれば、教えてください。

福寿　私たちのビジョンは「排除なく、誰もが花咲く社会」を目指すことです。企業で働く人たちは、たとえ心身の障がいがなかったとしても、家族介護や子育てなど、環境上の理由でギリギリの状態にあり、働きづらさを感じていることも少なくないと思います。障がい認定の有無にかかわらず、ＳＯＳを発信しにくい人は多いのです。配慮が一部の人にではなく、すべての人に行き届き、互いに助け合って働きがいの持てる社会を目指したいと思います。

今後の抱負ということでは、今、いくつかのことにチャレンジし始めています。

一つは、カフェの夕方の遊休時間を活用し、他企業と協賛して「お花屋さんのこどもごはん」を始めました。地域で困難を抱える子どもたちの支援が目的ですが、運営を担って

いるのは障がい当事者のスタッフです。障がい者が社会課題の対象ではなく、社会課題を解決する主体の側に立っています。障がいがあっても、自分も誰かのために働くことができ、共により良い社会をつくっていく一員なんだと、自分に向きやすい矢印を、外向き・前向きに変えていきたいと思っています。

もう一つは、花の業界を、障がい者を含めより多くの人に活躍してもらえる場所にするため、日本初の花を通じた障がい者専門職業訓練学校「ローランズフラワーアカデミー」を開設準備中（編注 2023年6月1日開所）です。花で働きたいと思う人、実際に働ける人を増やし、多くの人が自ら花咲くことができる業界にするために、障がいの有無に関係なく、花を学べる場が必要だと考えました。また、ウィズダイバーシティ有限責任事業組合の取り組みでは、大きな視点からいえば、日本の障がい者雇用を一歩先に進める役割を果たしたいです。もちろん雇用者数自体が増えるのも大事ですが、障がい者雇用に理解と関心を持ち、関わろうとする企業を1社でも増やしたい。多くの企業が、たとえ一歩が無理でも、できることから半歩前に進むことに意義があると思います。

ローランズのブランドロゴは、凛《りん》と咲く一輪のバラと、差し伸べられた手を描いたものです。「一輪の花から始まる『やさしさの循環』」とも表現しています。誰もが双方向に支え合い、やさしさが循環する社会をつくっていきたいと考えています。

――誰もが皆、社会や経済活動に参加して、支え合える社会にしていくということですね。誰もが自分の持っているもので他者の役に立ち、幸せにし合える。本来、双方向なのだというのは、福寿さんが学生時代に特別支援学校の子どもたちに教えられたことにつながっていますよね。

福寿　本当にそうですね！　ちゃんと、つながっています。

――ローランズの活動は、これからも大きく発展する可能性を秘めていて楽しみです。ますますの活躍を期待しています。本日は、どうもありがとうございました。

【資料出所】　マイナビニュース　連載「人を活かす会社の最前線」の以下記事を基に一部加筆修正
①2022年8月22日「第5回　障がい当事者75％のチームで急成長を遂げるソーシャルベンチャー企業とは？」
②2022年8月23日「第6回　やさしさが循環する『排除なく、誰もが花咲く社会』へ」

インタビュー後記

前川の考察

一人ひとりの制約や制限を超えてキャリアアップできる仕事を

福寿さんが、障がい当事者の方々と共に試行錯誤を重ねながら進めてきた、人を活かすマネジメントに学ぶべき点は多い。特に「配慮と遠慮を混同しない」という観点から、考察してみたい。

障がいを持つ人の雇用や支援を進める際、どうしても本人が抱える制約や制限などの困難に目が行き、負担軽減を中心に考えがちだ。しかし、体験談のように〝配慮〟が行き過ぎ〝優遇〟になってしまうこと、いわば〝遠慮〟になると逆効果だ。本人は仕事への当事者意識や自己効力感を奪われ無責任になり、支援スタッフもサポートの意義を見失い負担感ばかりが増し不満も募る。双方にとってマイナスだった。これを改め、どうすれば障がい当事者自身が〝自分ならではの大切な仕事〟として全うできるか。福寿さんのリーダーシップの下、全員が工夫と環境整備に徹した結果、両者が共に自分の役割と働きがいを取り戻し、チームがうまく回り始めたという。

これは、障がいの有無や難病を抱える人のみではなく、働く人すべてに当てはまる真理だ。私の会社が支援した企業で聞いた、子育てと仕事の両立に奮闘する女性社員の「配慮は必要だが、遠慮はしないでほしい」との言葉が印象的だった。すなわち、制約や制限の有無と任せる仕事の重さは別物。職場で、働き方に何らかの配慮や工夫が必要なら、互いにそれを認め合いながら、誰もが仕事の当事者として責任を担い、仕事をやり切ることで、働きがいが持てること。その積み重ねの向こうに、自分らしいキャリアアップへの展望を持ち続けられることが大切なのだ。

高齢化社会の日本では、障がいや疾病を抱え、あるいは子育てや介護と両立しながら働くことが標準になる。そして、性別、年齢、雇用形態や国籍の違いなど、多様な背景を持つ人たちが共に働く職場のマネジメントが必須だ。そこでは、一人ひとりの持ち味を〝弱み〟ではなく、〝強み〟に変える仕事の任せ方が求められる。福寿さんの「〝1人への配慮が社員全員への配慮につながること〟が、企業の発展を支える本当のプラスの効果」との言葉は、ダイバーシティ、エクイティ＆インクルージョン・マネジメントの核心を突く至言。何より、さまざまな制約や制限を乗り越えて仕事を成す工夫の先にこそ、日本企業が渇望するイノベーションが生まれるはずだ。経営者や上司には、全社員が活躍できる職場づくりが求められる。

株式会社ノジマ

社会課題の解決とパーパス経営で、人を動機づけ、活躍支援する

話し手　**田中義幸氏（取締役兼執行役人事総務部長）**

株式会社ノジマは、神奈川県横浜市に本社を置き、首都圏を中心に店舗展開している家電専門店。1959年に設立された野島電気工業社からスタートし、1982年、株式会社野島電気商会に組織変更。1991年、株式会社ノジマに商号変更。店舗数は2023年3月21日現在、国内で275店舗。国外ではカンボジアのほか、2021年1月シンガポールに新商業施設を開業することを発表した。2012年以降、経常利益は右肩上がりで増加を続けている。2023年3月期は、売上高6261億8100万円、経常利益362億4600万円。

同社の経営理念の一つは「社会に貢献する経営」。本インタビューでは、パーパス経

営によってコロナ禍で苦しむ航空業界からの出向者受け入れが話題となったノジマの取締役兼執行役人事総務部長（インタビュー時）の田中義幸氏に同社の経営哲学と人材育成について話を伺った。

コロナ禍で苦境に陥ったJAL、ANAの出向者受け入れも社会貢献！ 自社の発案で打診

――今日はとても楽しみに参りました。実は10年以上前から、私は御社の人を活かす経営に強い関心を抱いていました。リーマンショック後に苦境に立つメーカーの社員を副業バイトとして受け入れたり、卒業間際でも内定が取れずにいる学生を面接なし・販売実習選考のみで採用する特別枠をつくられたり、とにかく多様な人を育て、活かそうとする信念のようなものを感じていたからです。コロナ禍における取り組みにも深い敬意を感じています。御社は新型コロナウイルス感染拡大に伴い経営が悪化した日本航空（JAL）、全日本空輸（ANA）からの出向者を受け入れたことが話題になりました。まずは、この取り組みの背景や目的について教えてください。

田中　私たちは五つある経営理念のうちの一つに「社会に貢献する経営」を掲げています。多くの会社でこのような理念を掲げていると思いますが、当社は出店している地域の自治

体への寄付なども長く続けているなど、理念をピュアに実践する体質があると自負しています。もちろん、そのためには本業がしっかりしていないと、その余裕もないのですが。

そんな中で、このコロナ禍に見舞われ、航空業界、旅行業界、飲食業界などが大きなダメージを受けている状況を見て、私自身「何かできないか」という気持ちがあったんです。そこで2020年7月に社長の野島と話をしている時に、通常の採用とは別に、プラスオンで期間限定の出向者受け入れをやってみたいと提案したんです。

——田中さん発案なんですね。

田中　そうなんです。航空会社でリストラが進んでしまうと、コロナ禍が終わった後に人が足りない状況になり、日本の交通インフラに影響が出る。ですから、一時的に私たちがJALさん、ANAさんの社員の方々を出向者として受け入れ、しかるべき時期が来たらお戻しするということができるのではないかと考えました。それが、今、私たちにできる社会貢献だろうと。以前も不況時にメーカーなど他業界からの出向者受け入れはしていましたから。

——しかし、通常の採用にプラスオンで短期間だけ受け入れて、その後はJAL、ANAに戻ってしまうのでは、御社にはメリットはないですよね。

田中　動機が社会貢献なので、当社のメリットどうこうというのは最初から考えていませんでした。社長も二つ返事で、「それは社会貢献になることなので、ぜひやろう」と。その後、ＪＡＬさん、ＡＮＡさんの人事の方にご連絡を差し上げたのが２０２０年7月の終わり頃です。

――コロナ禍で未曽有の経営難に陥り、雇用をいかに守るか苦慮されていたＪＡＬ、ＡＮＡから相談があったわけではないんですね。

田中　全くそういうことではないんです。私たちのほうからお声掛けさせていただきました。ですから、この提案がどう受け取られるか若干不安はあったんですが、先方でも対策に苦慮されているところだったので、幸いにも「助かります」とのお返事をいただけました。そこからどんどん具体的な話を進めていって、２０２０年11月16日に出向者の皆さんの研修が始まったというところです。

――もちろん時間をかけていられない問題だというのもあるでしょうが、それにしても非常にスピーディーですね。

田中　社外の方からはそのように言われることも多いのですが、社内ではもっと早くでき

田中義幸氏

ただろうと言われています（苦笑）。そういう感覚の会社なんです。

――とはいえ、御社の現場で働いてもらうわけですから、人材ニーズがありますよね。年齢層や職種などについて、こういう人が欲しいというオーダーはしたのですか。

田中　していません。こちらからは、こういうエリアでこういう仕事があるということを提示して、先方でご検討いただきました。ただし、当社は接客の仕事が当然ながら多いですし、ＪＡＬさん、ＡＮＡさんにも地上職、ＣＡという接客のプロがたくさんいますから、そのあたりは自然と需要と供給が一致したという感じですね。とはいえ、空港の荷物関連のお仕事を担当されていた方もいらっしゃいますから、そうした方々は当社の鶴見にある物流センターで受け入れたりもしています。

マニュアルなし。お客さまのためにできることを各自が考える

――現時点（インタビュー時　２０２０年12月25日）では、それぞれ何人を受け入れているのですか。

田中　ＪＡＬグループから１２５人、ＡＮＡグループから32人ですね。１５０人以上と規模も大きいので、ホテルの会場を借りて研修オリエンテーションを行いました。突然のことで出向者の皆さんも不安でしょうから、研修初日には社長の野島から皆さんを激励する

言葉を贈りました。こちらとしても不安はあったんです。皆さんどういう気持ちでこの場にいるのかというのを考えると…。それでも、研修後のアンケートでは、「決してこの出向をネガティブには捉えていません」といったことを書いてくださっている方もいたので少しホッとしました。とはいえ、出向者の皆さんも手探りですし、送り出す側のＪＡＬさん、ＡＮＡさんも手探り、私たちも手探りという状況。動きながら考えているといったところですね。

――集合研修では、どのようなことを行ったのですか。

田中　ノジマの考え方を理解してもらうことからスタートして、後は部門別の製品の説明などですね。新卒社員の研修だと通常は1カ月程度かけるのですが、今回はそこまでは時間が取れないので1週間強でやりました。皆さんが驚かれたのは当社にマニュアルがないこと。対お客さまというところに関しては考え方のガイドラインはありますが、それに基づいて自分がいちばん良いと思うことを自分たちで考えてやってほしいと伝えています。それは今回の出向者に限らずですが。ノジマの考え方をベースにしつつ、ＪＡＬさん、ＡＮＡさんで培ってきた考え方、やり方を自由に組み合わせていただければと考えています。

――もう皆さん現場に配属されていらっしゃるわけですが、異業種での仕事にスムーズに対応されていらっしゃいますか。

田中　もちろん個人差はありますが、既に当社の社員と同様に接客・販売を行っている方も大勢いらっしゃいますね。扱う商品・サービスが違うだけで、もともと皆さん高いレベルの接遇スキルはお持ちなので。

――そのようにバックボーンやカルチャーが違う人たちが来て、しかもマニュアルもない中で活躍できる理由は何でしょうか。

田中　一つには、皆さんが前向きに頑張ってくれていることが挙げられます。もう一つは、当社の販売方針ですね。お客さまのほうを向いて、お客さまのニーズに合う最適な商品を提案するコンサルティングセールスを行っているので、その根本の考え方はバックボーンの違う方でも受け入れやすいのではないでしょうか。後は、自社採用の社員と同様に、現場ではトレーナーが付くことも大きいと思います。当社の社員は未経験者に指導することには慣れていますから。

――現場の上司・先輩がしっかりと教えるというのは重要ですね。しかし、いずれいなくなってしまう出向者の方を忙しい現場社員が時間と労力を割いて指導することに抵抗を感じる声はなかったのですか。

田中　当社では年2回、全店長や部門のリーダーが集まる方針発表会を行っているのですが、2020年10月の発表会で今回の出向の件を私から話しました。「多少不満も出るかもしれない」と考えていたのですが、後のアンケートを見ると、反対する人は1人もいませんでした。むしろそれは良いことだと賛成する声もあり、社会貢献の意識が組織全体に浸透していることをあらためて感じて、私自身感動してしまいました。

――すてきなエピソードですね。出向者の方は人の足りない店舗などに重点的に配属したのですか。

田中　人が足りている・足りていないということは優先的には考慮せず、育成環境が良いところに配属することを意識しました。そもそも人が足りていないから出向者を受け入れたわけではありませんから。ただし、コロナ禍をきっかけに来期以降、新規出店や事業拡大のアクセルをさらに踏もうと予定しているので、通常採用プラスオンで一時的に人が増えることに関しては全く問題だとは考えていません。

ノルマなし。自分で目標を決めることが成長につながる

――それにしても社員の方の社会貢献意識がそこまで高いのはなぜなのでしょうか。コロナ禍などは最たるものですが、私は時代の転換期や危機に陥ったときこそ、平時に増して経営理念に立ち返り、自社が社会にどう貢献できるかを自問自答しながら経営することが重要だと考えています。しかし世を見渡すと、崇高な経営理念を掲げていても、実態は目

先の自社収益の確保にきゅうきゅうとし、現場はノルマ達成に目が向いてしまっている会社のほうが一般的には多いように感じますが。

田中　「社会に貢献する」という言葉は当社で働いていると日常的にいろいろな場面で出てくるので、それだけ浸透しているという面はあるでしょうね。寄付などだけではなく、店舗運営自体も地域に根差し、地域に貢献することを意識しているので、当社の社員は、普段から自分たちだけがもうかればいいという考え方はしないんです。世の中が大変なのであれば、自分たちに何ができるかをまず考えるような習慣があります。社長も事あるごとにそういったメッセージを発しています。

——社長の姿勢が会社の経営理念になって、それが染み渡っているからこそなんですね。そういったカルチャーとも関連しているのかもしれませんが、ノルマがないというのも特徴的ですね。

田中　確かにノルマはないのですが、当然ながら評価はあります。当社では、半期の目標は各事業部門や店舗、個人が自分たちで立てますが、低い目標を立ててそれを達成するよりも、高い目標にチャレンジすることを評価します。例えば、１５０％を目指して達成度が１２０％だった人と、１１０％を目指して１２０％だった人とでは、前者のほうが個人も成長し、周囲にも良い影響がありますね。

それもあって、当社ではみんなが高い目標を掲げるので、それぞれの目標をすべて積み上げると会社の業績はとんでもないことになってしまう（笑）。ほとんど達成はされないのですが、会社が上からノルマを課すのではなく、自分たちで立てた目標に向けて努力をすることはチームや個人の成長につながっていますね。

――御社では、会社の業績だけではなく、個人としての目標も大事にしているんですよね。

田中　全員が1年後、5年後、10年後、30年後の目標を社内イントラネットに書き込んでいて、それが社内に公開されています。人事考課の面談の際にも、短期的な目標だけでなく、自分で立てた長期的な目標に向けて努力をしているかといった話はしますね。

メーカーからの派遣販売員に頼らず「自前主義」を貫く

――もう一つ、メーカーから派遣されるヘルパーと呼ばれる販売員がいないことも御社の大きな特徴ですね。家電量販店で複数メーカーの商品の比較検討を相談した販売員が、特定のメーカーの人と分かって戸惑った消費者も少なくないのではないでしょうか。そんな中で顧客に寄り添った正しい決断です。とはいえ、経営の観点からは、人件費などコストを考えると二の足を踏むようにも思います。

田中　廃止したのは2005年ごろだったと思います。家電量販店は昔からの業界の習わしで、メーカーからヘルパーが派遣されるのが一般的です。家電量販店としては、人件費はメーカー持ちですし、採用活動も労務管理もしなくていいので、お金の論理だけでいえばメリットは大きい。ただし、新店舗オープンの際など、ノジマのことをよく理解していないヘルパーばかりになってしまいますし、何よりお客さまの立場に立って考えると、自社製品を売ろうとするヘルパーに接客されることにメリットはありません。

そこで、販売スタッフは全員当社の社員にして、先ほどもお話ししたコンサルティングセールスを徹底することにしたんです。もちろん人件費も教育の手間もかかりますが、接客業、サービス業を営む以上は、人への投資は惜しんではいけないと。販売スタッフに限らず、当社はコールセンターや物流センターもすべて自社の社員です。

――顧客ファーストの極みですね。これまでの経営戦略の教科書的には、自社のコア・コンピタンスは何かを絞り込み、アウトソースできるものはどんどん外に出して効率化を図ろう、そのほうがもうかるという論理がまかり通っていましたが、御社は真逆ですね。しかし、そうした自前主義を貫きながら業績も伸びているというのがすごいですね。

田中　２０２０年度上期の経常利益が大きく伸びたのはスルガ銀行を持分法適用関連会社にした影響ですが、それを除いても過去最高益でした。緊急事態宣言後、４～５月はノジマ本体だけで60店舗ほど閉店しましたが、開いている店舗にはお客さまに来ていただけていましたし、巣ごもり需要、テレワークの拡大が大きな追い風になりましたね。当社はインバウンドに依存していなかったので、そこでマイナスの影響が小さかったというのもありますね。

――コロナ禍までの10年ほどは、家電量販店はインバウンド需要にシフトして好業績を上げていたところも多かったですよね。でも、御社はずっと地域のお客さまを大事にしてきたから、あれだけインバウンドが盛り上がった好況期にも方針を変えて外国人観光客を取り込む戦略は採らなかったということですね。

田中　そのとおりです。何でやらないんだとはよく言われましたが（笑）。

――私も経営者の端くれとして、お金もうけよりも社会貢献や顧客への貢献を重要視するほうで、時折、社員のみんなからもう少し稼ぐことも考えましょうよと言われるほどですが（笑）。田中さんの話を聞いていると、ノジマという会社の社会や顧客への貢献第一の経営姿勢は筋金入りですね。もちろん株主も尊重しなくてはいけない上場企業としては、結果も求められるわけで、一見非効率に見えても、しっかり業績を出されているところが評価される理由なのでしょう。

次に育成について伺います。ここまでの話で御社に脈々とある精神、理念、イズムは理解できたのですが、それをどうやって社員に教育していくのでしょうか。

田中　方針発表会での意識共有が大きいと思います。発表会では社長、副社長、各部門長などが理念や目標について話すことに加え、優秀店長や活躍した販売員も壇上に立って話をします。その場では表彰も行っていて、ＣＥＯ賞は未来につながるアイデアを表彰しているんです。それもカルチャーの浸透に大きく影響していると思います。

当社は「良いプロセスがあって、初めて良いパフォーマンスがある」と考えているので、数字を追いかけるのではなく、「お客さまの立場に立って、会社を良くするために何ができるか」ということをみんなに考えてほしい。アイデアを表彰するのは、そういう会社としての思いを伝えるためなんです。

――どのようなアイデアが出てくるのですか。

田中　例えば、お客さまに分かりやすく商品説明するためのツールなどですね。新入社員のアイデアが評価され、全店舗で導入されたこともあります。

方針発表会以外では、社内報も意識を浸透させるツールになっています。今どきは、社内報もＰＤＦファイルをネット上で共有すればコストも抑えられるので一般的ですが、当社はかたくなに紙の社内報を発行しています（笑）。社員の自宅に郵送しているので、社員の家族が手にして目を通すことも期待しているんです。

さらに、社長がノジマの考え方をまとめた『ノジマウェイ』という社内限定の本があって、社員には入社したら全員に読んでもらっています。アルバイト、パートの方も今回のような出向者の方も同様です。

提案はすべて許可。失敗を恐れず挑戦することを推奨

――ビジネスとして取り組んでいるのは最先端のデジタル領域でありながら、経営は古き良き家族主義というイメージですね。

田中 私も確かに中にいて面白いなと思いますね（笑）。WebやITを導入して効率化はどんどん進めていきますが、一方で、ここだけは守っていこうというのも頑固にある会社です。

――最近ではニフティなど、御社はM&Aにも積極的に取り組んでいますが、意識の浸透に関しては、同じように家族主義的なやり方をしているのですか。

田中 そうですね。M&Aをした会社はカルチャーが違いますが、そこに違いはあっても同じ方向を向いていく形で意識の浸透を図っています。M&A先の経営陣は、ノジマからの出向もありますが、できるだけプロパーの方を引き上げるようにして、共に経営を立て直すことに取り組んでいます。

カンボジアなどの海外でもやり方は同じですね。最初は現地のやり方に合わせていたの

ですが、うまくいかなかったので、今はノジマウェイをしっかりと浸透させることを大事にしています。

――チャレンジする風土を浸透させるのは、人材育成、特に若手の育成については大きな意味を持つと思います。とはいえ、それは非常に大変なのではないですか。失敗するリスクもあるわけですから。

田中　社長は『失敗のすすめ』（ダイヤモンド社、２０１１年）という本を出していますが、その考え方は社内でも徹底しています。とにかくやりたいことはやらせる方針。社内では「提案はすべて許可」という言葉があって、お客さまのほうを向いている、仮説があるという条件を満たせば、多少失敗のリスクがあってもゴーサインを出します。規模の大小はありますが、申請数は年間数千件に上りますね。まずは直属の上司に申請し、各部門が承認し、最終的には担当部長や役員等が承認します。

当然チャレンジには失敗もつきものです。失敗をすると当然本人は落ち込みますし、短期的には損失もあります。しかし、再トライはいくらでもできる環境なので、失敗をバネにできる人は長い目で見れば成長していきますね。また、このような風土づくりのためには経営陣が常にチャレンジし続けることも大切だと考えています。

――そのような環境があるからこそ、世代やカルチャーを問わず多様な人の活躍が実現で

きているのですね。２０２０年7月には定年後のシニアの雇用を最長80歳にまで延長することを発表されましたが、これにも感服しました。人生１００年時代。２０２１年4月に改正高年齢者雇用安定法が施行され、企業には従業員の70歳までの就業機会確保が努力義務化されますが、御社はそのずっと先を走っていて、シニア層の活躍にも期待されていらっしゃる。

田中　当社では以前から年齢にはこだわっておらず、シニアの方も活躍していましたが、きちんと制度化はしていなかったので、あらためて定年後再雇用の制度を整備しました。決して、高年齢者雇用安定法の改正があったからというわけではないんです。今は70代も20人以上いますし、65歳以上では50人以上いますから、あくまで実態に合わせてということですね。

――私は、長年多様な人材の育成や活躍支援に取り組む中で、シニアになっても会社で働ける環境が整うことは良いことだと考える一方で、雇用延長は会社への依存度を高めてしまうのではないかという懸念も感じています。その点はいかがでしょうか。

田中　当社は３６０度評価も導入していますし、普段から何でもオープンに言い合える風土なので、そこはあまり心配していません。むしろ人生経験豊富なシニアは若手の良いアドバイザーになってくれていますね。

――そこもまさに家族主義というわけですね。ただ、それは決して懐古主義というわけではなく、世の風潮に流されることも決してなく、信念の故。それにしても話を伺っていると独自の人を活かす経営を貫くユニークな会社だとあらためて感じました。

田中　私も入社して20年を超えていますが、とにかく飽きない会社ですね（笑）。

――本日は直接話を伺えて良かったです。本当にありがとうございました。

【資料出所】　Ｆｅｅｌ Ｗｏｒｋｓオンラインマガジン「企業インタビュー」の以下記事を基に一部加筆修正
２０２１年２月８日・15日「ＪＡＬ、ＡＮＡの出向者受け入れも社会貢献！長期的視野に立った経営が多様な人材がチャレンジし、活躍するカルチャーを醸成する／㈱ノジマ　取締役兼執行役人事総務部長　田中義幸氏」《前・後編》

インタビュー後記

前川の考察

社会課題の解決とパーパスを結び付けたマネジメントが求められる

インタビュー当時、コロナ禍で窮地に陥ったＪＡＬやＡＮＡからの出向者受け入れは、大きな反響を呼んだ。その後、感染状況の収束で旅客需要が戻るにつれ、航空各社も次第に社員を呼び戻せるまでに回復したが、それまでのノジマの支援は大きな力になったことだろう。しかし、インタビューで分かったのは、この行動が同社にとって決してとっぴではなかったこと。身近な同業者や取引先でもない航空各社の困難を知り、自ら支援を申し出た姿勢。また、他社人材を柔軟に受け入れ活躍支援できた現場の力。その根源は、同社の経営理念の一つ「社会に貢献する経営」と、これを具現化した日頃のマネジメントにあった。

ノジマは、これまでも近隣顧客や地域社会への貢献に注力し、安易なインバウンド需要獲得に走らなかった。これがコロナ禍でも大打撃を免れ、他社を助ける力にもつながった。人件費削減のためのメーカーからの販売員派遣をよしとせず、自社社員による顧客本位の店舗営業に長《た》けていたことで、出向者を現場に受け入れ活かせた。すなわち、ノジマは自らのパーパス経営で不測の事態に臨んだ結果、困っている他社を自然体で支援したのだ。

資本主義下での企業経営の常識は、利潤追求を第一に、競合他社と差別化した競争戦略で多くの顧客獲得と株主価値の最大化に奔走することだった。私も四半世紀前に学んだが、欧米初のビジネススクールは、こうした自社のもうけを最大化するノウハウを持つ経営人材養成の場であった。しかし、こうした企業行動の結果、格差拡大や社会の分断、地球環境問題など社会課題が拡大。資本主義の限界が指摘され始めた。ＳＤＧｓやＥＳＧ重視のパーパス経営の必要性が世界的に叫ばれてもいる。

だが、そもそも日本では『論語と算盤』や「三方よし」など道徳や公益重視の企業経営が古くから貴ばれてきた。会社は社会の公器たるべしとの教えは温故知新だ。また反論も多いとはいえ、ポジティブ心理学や幸せの研究などからは、利他的・愛他的行動をした人ほど幸福感が強く、他人に感謝する人ほど幸せなことが明らかになってきている。これは、企業という組織にも当てはまる。

今日の不安定化した世界で、社会の公器たる企業に問われているのは、利他的・愛他的な経営の循環で包摂的な社会をつくる努力だ。社会課題の解決とパーパスを結び付けたマネジメントが求められており、ノジマの実践はその先進例といえる。

サイボウズ株式会社

囲い込まずオープンで自由な組織へ！「複業」を通じて社員の自立と幸福を追求する

話し手　青野慶久氏（代表取締役社長）

サイボウズ株式会社は「サイボウズ Office」などのグループウエア製品を手掛けるソフトウエア開発会社。1997年、青野慶久氏らが愛媛県松山市で創業。2000年には東証マザーズ※に上場し、本社を東京に移転した。青野氏は2005年から代表取締役社長に就任。2006年には東証1部※に市場変更。働き方の多様化に早くから着手してきたことでも知られ、働く時間と場所を選べる「働き方宣言制度」、最長6年の育児休業、複業の自由化などの斬新な取り組みを実践。また、2017年よりメソッド事業「チームワーク総研」を開始し、同社がこれまで取り組んできた制度・風土改革のノウハウについて、研修などを通じて企業・組織に提供している。

本インタビューでは、「100人いれば100通りの働き方がある」をスローガンに、早くから働き方の多様化に取り組んできた代表取締役社長の青野慶久氏に、「複業」をテーマに話を伺った。

※東京証券取引所は2022年4月に、従来の「東証1部」「東証2部」「マザーズ」「ジャスダック」で構成される4つの市場が、「プライム」「スタンダード」「グロース」の3市場に再編されている。

申請なしでOK。新人でもOK。徹底して自由なサイボウズの複業

――御社は新しい働き方に関していろいろな取り組みを行っていらっしゃいますが、今回特に伺いたいのが「複業」についてです。そもそもどういう理由で始められたのですか。

青野　社員から希望があったんです。率直に言うと、最初、複業（副業）と言われたときは、「仕事も一人前にできないやつが何言っとんねん」と思いました。ただ、「何で禁止しているんだろう?」と考えたときに理由が見つからなくて。

よく言われるのが情報漏えいのリスクですが、それって複業に関係なく駄目なことですしね。「本業がおろそかになる」「働き過ぎになる」ということも言われますけど、それを言い始めると、家で育児や家事をやっている人はどうなるんだって話になりますし。

——なるほど。駄目だという合理的な理由がないと。

青野　そうなんです。なので、思い切っていったん解禁してみようということになったんです。会社への申請もなく複業をしていいよと。問題があれば、また考えればいい話なので。

——最初から申請なしだったんですか。

青野　サイボウズの社名や設備、ノウハウなどの資産を使う場合、他社に雇用される場合は言ってくれということにしましたが、基本はオールＯＫです。そう決めたら、みんないろいろやり始めて。で、結果を見てみるとリターンのほうが大きいことが分かったので。じゃあ、いいかと（笑）。

——どんなリターンがあったのですか。

青野　その人の成長につながるというのがありますよね。サイボウズ以外の業務知識が身に付きますし、そこで人脈も生まれますし。複業の内容や成果を各自がオープンにしているので、会社にとってもプラスになるんですよね。

——異業界の生きた知見や人脈が入ってくるわけですね。

青野　分かりやすい例が、複業で農業をやっている当社の中村龍太です。今では日本の複業家の顔みたいになっていますけども（笑）。彼が複業をした結果、農業法人でのサイボウズのサービス導入が増えましたし、農家向けの新しいクラウドサービスなども立ち上がりましたから。

――今はどのくらいの社員の方が複業をしているんですか。

青野　申請なしですから正確な割合は分からないんですけど、実感値で3割くらいですね。

「100人いれば100通りの働き方がある」を本気で実践

――一方で、課題はありますか。例えば、以前に御社のホームページの複業に関するQ&Aに、「土日だけ複業してもいいですか？」という質問があって、完全に自由にしてしまうと、いろいろ難しい面もあるのかなと感じたのですが。

青野　複業に限らずですが、ルールを設けて一律で○とか×とか決めてしまうのではなくて、ケース・バイ・ケースでやっていこうというのが私たちのポリシーなんです。「100人いれば100通りの働き方がある」と考えています。ですから、その

青野慶久氏

ような希望があったら、「土日だけというのは一律駄目」とするのではなくて、「この仕事なら土日だけの複業でも無理し過ぎずにできるかもしれない」「この仕事は難しい」というのを現場で話し合って判断しています。

——また、普通の会社だと、副業を解禁するにしても「入社○年目以降に限る」といった条件を付けてしまいがちかと思うんですが、そういったルールもないですね。

青野　当社は新入社員であってもOKです。ただし、その場合は「複業をするのはOKだけれども、サイボウズでの成長は遅れることになるかもしれないよ。そこは認識して、自分で責任を持ってね」ということは言います。

——自己責任ということですね。

青野　そうですね。もちろん、すべては自己責任だと突き放すつもりはないんですが、自分で考えて自分で選ぶということが大切だと思っています。でも、新人でも実際に複業をやっている社員はいますよ。執筆したりとか、友達の会社の立ち上げを手伝ったりとか。

——へえ、ルール上OKだけど、実際には…という話ではないんですね。そのあたりとも関係してくることかと思うんですが、今、政府の方針転換もあり、大手企業も徐々に副業解禁を始めてはいますが、制度はあってもなかなかうまくいっていないことのほうが多いように感じています。そんな中、御社で複業がうまく機能している理由はどこにあるのでしょう。

青野　会社が副業を「本来は好ましくないこと」と捉えていて、「仕方がないから許してやっている」というスタンスだとうまくいかないでしょうね。社員は「好ましくないことをしている」という意識になりますから、副業の内容を隠すようになる。いわば「伏業」です。こうなると、社員は外に出ても何も持ち帰ってくれませんから、その副業には会社にとってのリターンがない。サイボウズではオールＯＫにする代わりに、オープンにしてくれと言っていますから。その違いが大きいと思います。

――普通の会社が副業を好ましくないと考えるのは、やはり本業に対するコミットメントが弱まるという危惧があるようにも思いますが、いかがでしょうか。

青野　むしろ副業を禁止したりするから弱まるんです。「よそで力を使うな。俺のために働け」みたいなことを言われたら、やる気がなくなりますよ。そこがイケてないなというのが一つ。後は、そもそも「コミットメントが弱まって何がいけないんだっけ？」と私たちは考えているんです。社員が「10対0」で会社にコミットしてくれなくても、例えば「6対4」でも、それで本人が心地よく働けているならいいじゃないですか。その分の給料を払えばいいだけですから。

――おっしゃるとおりだと思います。ただ、「１００人１００通り」に対応して給料を決

めていくとなると、人事制度の設計や評価が大変ではないですか。

青野　大変です（笑）。でも、言い換えれば、今までの経営者が楽をし過ぎていたんですよ。本来一人ひとりの市場価値は違うのに、年齢や社歴で一律に決めるというのがおかしい。ですから、当社では、スキル、実績、時間、いろいろなものを見た上で、一人ひとりの市場価値を導き出して、「この金額でどうだろう」と提示します。それでＯＫなら、それがその人の適正価格ということですよね。不満がある場合は交渉してほしいと言っています。

会社なんてただの虚構。カッパのようなものなんです

——それこそ資本主義ですね。交渉する社員の方は結構いらっしゃるんですか。

青野　それほど多くはないですが、いつも一定数はいますね。

——御社が実践する複業は、社員の自立を後押しするものだと思いますが、それを実現しようとするとき、市場価値とできるだけイコールの評価をするというのは非常に大切なポイントになりますね。

ところで、青野社長は先日、伊那食品工業株式会社の塚越寛会長（編注　２０１９年より最高顧問）との対談で、「事業は必要だけども、会社なんてもうなくてもいい」ということをおっしゃっていて、私は衝撃を受けました（笑）。これも社員の自立ということと関連

する話だと思うんです。背景にある思いを教えていただけますか。

青野　日本人はすぐに「会社のために」って言いますよね。「1人のわがままで会社に迷惑をかけてはいけない」とか、「これは会社の方針だから」とか言われると、なぜかみんな従ってしまう。でも、そもそも「そこで言う会社って何？」って話なんです。「会社」なんていうのは人間がつくり出した概念でしかありません。その場には人間しかいないんです。

2019年にはやったユヴァル・ノア・ハラリの『ホモ・デウス』（河出書房新社、2018年）でも、会社も国家も虚構であるとはっきりと書いていますよね。そのとおりだと思うんです。つまり、「会社なんてなくてもいい」というより「もともとない」と言ったほうが正しいかもしれませんね。カッパみたいなものです。みんながあると信じているから、あることになっているただの虚構なんですよ。

――カッパのために働くのは確かにバカバカしい（笑）。

青野　だから、何が大事なのかをもう一度考えようと。会社がもうかればいいのか。いやいや、カッパがもうかったってしょうがないよねって話です。大事なのは、社員一人ひとりがもうかることでしょう。カッパの業績を伸ばすために人間が苦しい思いをして犠牲になってどうするんですか。

――経営者がそれをズバリ言うことに、非常にインパクトを感じますね。

何より大切なのは一人ひとりが幸福に働くこと

――青野社長ご自身は、起業前は伝統的な大企業で働いていたわけですが、今はその当時には当たり前とされていた古い概念を次々に壊していらっしゃる。このような考え方に至った原点はどこにあるのですか。

青野　私がサイボウズの社長に就任してからの2年間は、M&Aにことごとく失敗して利益率は下がるわ、離職率は高いわで、とにかくひどい経営をしていたんです。そこで目が覚めたんですね。何のためにやっているんだろうと。本当にやりたいことを楽しくやろう、そのためにみんな集まったんだから、それができるようにしようという考え方に変えたんです。

――とはいえ、上場企業の経営者として収益向上と還元を求める株主を意識しないわけにはいかないのでは。

青野　方針転換して最初の株主総会は大荒れでした（苦笑）。「この会社は理念を大事にします。売り上げや利益は二の次です」と言ったら猛反発を食らって。ただ、そういう株主は去っていくんですよ。そして、「社員の幸福を第一に考えるサイボウズっていいじゃないか」と私たちの理念に共感してくれる株主が次第に増えてきたんです。最近の株主総会はファンの集いみたいになっていますね（笑）。

――それは素晴らしい。青野社長の会社経営に対する考え方がよく分かりました。非常に共感するのですが、そうなると、会社というものは今後どうなっていくとお考えですか。

青野　会社はバーチャルな概念であるということを理解した上で、それを使いこなせばいいと思うんです。バンドみたいなものですよ。そのバンドでなければできない音楽があって、そのためにメンバーが集まる。ただ、同時進行でほかのバンドに参加したって別にいいし、音楽的方向性に違いが出てくれば解散すればいい。また、やりたくなったら再結成すればいいんです。

――なるほど、組織は個々の思いに応じて変わっていくものなのだと。そういえば、御社は2017年に経営理念を「グループウェア世界一を目指す」から「チームワークあふれる社会を創る」に変えましたよね。そこも変えていっていいということなんですね。

青野　まさにそうですね。いちばん大事なのは、「生きている僕たちが毎日楽しく働けているのか」ということですから。そのために理念がワークしていないのであれば変えたほうがいい。

一人ひとりの幸福のために理念があり、それを実現するために組織がある。この順番を間違ってはいけないんです。「世界一のグループウェアを創りたい」と一人ひとりが思って、そういうメンバーが集まったからそれが理念になったんです。ただし、理念も石碑にしてしまった瞬間カッパになりますから、気を付けないといけません。人の思いが変われば当然理念も変わるんです。

ベテランにこそ複業にチャレンジしてほしい

——会社が思いを同じくする者が集まる場だと考えたとき、一定のキャリアがあって自己を確立していることがメンバーに必要な条件にはなりませんか。人生経験も仕事の経験も浅い若者はどうしても確固としたものがなく、移ろいやすい面がありますから。

青野　でも、私だって確固としたものがあるのかと言われると自信がないですよ。今はこう言っていても、来年になったら違うことを言っているかもしれない。程度の問題で、人間というのは誰しも移ろいゆくものなんだと思います。人間の身体がそのようにできているんですから。確かに若者は私以上に移ろいやすいかもしれません。でも、変わること自体はいいんです。確固としたものでなくてもいいから、思いを持つことが大切なんだと思います。

——というのも、かつての日本企業には、人材育成に関しては良いところがあったのではないかと私は考えているんです。会社が一人前になるまで若手を育てる仕組みがありましたから。ところが、最近は大手企業も、長期視野の雇用や育成を諦め、今欲しいスキルを持つ人を雇い、用がなくなれば解雇するジョブ型雇用を志向しつつある。それがスタンダードになったとき、力のある人材はそれでもやっていけると思うのですが、取り残される若者が数多く出てきてしまうのではないかという懸念を持っているんです。

青野　そもそも「育成とはなんぞや」ということから考えないといけないのかもしれません。自分たちが育ってほしいように育つことを望むなら、ある程度型にはめて教育することも必要かもしれない。

しかし、私たちは、「自分で選択して、自分で責任を持つ」こと、つまり「自立」ができればどう育ってもその人の自由だと考えていますから、例えば、ある若手が「自分は週3日勤務で趣味を大切にする生活をしたい。その分、仕事の面での成長はゆっくりでいい」というならそれでOKなんです。自分で選んだことをやってもらう。その結果に責任を持つ。これができるようになれば、その人はその人なりに成長しているんです。

――その「やってもらう」というところが、歴史ある企業には難しいのかもしれませんね。今、企業はどうしてもデキる人に仕事を集中させて目先の結果を出そうとする傾向がありますから。若手にチャンスが回ってこないことも散見されます。

青野　そこは、チームとしての理念を高く掲げているかどうかの問題です。サイボウズは「チームワークあふれる社会を創る」という壮大な理念を持っていますから、これを実現しようと思ったら、若手であろうが、経験が浅かろうが、いる人たちのフルパワーを動員していかざるを得ない。

必然的に若手にもチャンスは回ってきます。とりあえず今のもうけを維持できればいいやというくらいの低い理念や目標しかないから、デキる人だけでなんとかしてしまおうという発想になるんだと思いますよ。

――なるほど。そう考えると、会社が根本的に変わっていくことでしか、今、人材育成に関して噴出している諸問題を解決できないんでしょうね。今はまさに過渡期にあると。

青野　そう思います。変われない会社は消えていくと思いますよ。

――むしろ問題なのは、若手よりも「キャリアなんて考えるな」と言われて育ってきたベテランなのかもしれません。その環境で猛烈に働き続けてきた40、50代ともなると、組織や働き方が変わっていくことになかなか対応できないですから。

青野　そこで複業ですよ。当社にも、大手銀行から転職してきた50代のベテラン社員がいて、一時期停滞気味になっていたんです。生真面目で、指示されたことには完璧に取り組んでくれるけれど、型にはまりがちで。そこで「複業してみたら？」と提案したんです。

最初はびっくりしていました。会社に必要ないと言われたと受け取ったようです。でも、複業を始めて彼は変わりました。真剣に自分は何をやりたいのかを考え抜き、社会的弱者とされる人たちが生きやすい社会を創りたいという思いに至ったんです。そこから活動の幅も広がり、目に見えてイキイキとしてきました。今や彼はその世界では有名人ですよ。カッパの呪縛がようやく解けたんです。

――なるほど、複業は停滞しつつあるベテランの再生にも有効ということですね。

青野　…あ、ほかにも複業のメリットがありました。当社では複業先で結婚相手を見つけてきた社員もいるんですよ。

――それは素晴らしい。確かに出会いの数も倍になりますもんね（笑）。

【資料出所】 Ｆｅｅｌ－Ｗｏｒｋｓオンラインマガジン「企業インタビュー」の以下記事を基に一部加筆修正
２０１９年９月２日・９日「会社なんてカッパみたいなもの。『複業』を通じて一人ひとりが幸福になる働き方を目指せばいい。／サイボウズ株式会社　代表取締役社長　青野慶久氏」《前・後編》

インタビュー後記

前川の考察

閉じた組織は百害あって一利なし。オープンな組織が人と企業を健全に成長させる

複業（副業）がテーマの本インタビューは4年前にさかのぼるが、その内容は古びるどころかますます価値を高めている。私が最も印象深かったのは、インタビュー終盤の、大手銀行から転職してきた50代の年上部下に青野さんが複業を勧めたエピソードだ。上司が部下に社外活動を奨励するという妙。今でこそ、副業は政府や経営者団体が旗振りをし、日の目を見ているともいえるが、当時は飛び抜けて先進的。当初意図が読めない部下は、「戦力外通告か」とショックを受けた。しかし、この複業で部下は自分でも気づかなかった持ち味を発揮し、新たなライフワークを発見。見違えるように活躍し始め、それがサイボウズのビジネスにもプラスとなる好循環をもたらした。部下に複業を勧めたことは、本人の自立を応援し、ひいては組織をも活性化させた。

サイボウズでは、その意味も込めて〝副業＝サイドビジネスではなく複業〟としているが、私はさらに踏み込んで〝福業＝幸せな仕事〟と捉えたほうが良いと考えてい

る。働く個人が主人公として選んだ複数の仕事が、本人の働きがいとキャリアにプラスに効くなら、いずれも大切で幸せな仕事。そして、働き手にとってウェルビーイング（身体的・精神的・社会的に良好な状態にあることを意味する概念。「幸せ」「幸福」）な働き方は、個と組織に共に良い影響をもたらす。経営者や上司は、得てして優秀な部下を社内や自分のチームに囲い込もうとする。しかし、閉じた組織は百害あって一利なし。オープンな組織が人と企業を健全に成長させるのだ。

インタビューでは、青野さん自身、大企業から独立・起業し、ワーカホリックな働き方のまま部下をマネジメントし、大失敗したエピソードが語られた。そして、結局、社員一人ひとりが幸せに働くことが最も大事で、それでこそ会社も持続可能になると悟ったとのこと。だから、実在するのは大切な社員一人ひとりであって、会社は虚構の「カッパのようなもの」と喝破される。

まず経営トップや幹部が自らの固定観念を打破し、率先して自己変革を進めることでしか会社は変われない。私の会社では「上司力®研修」を400社以上で開講してきたが、人と組織を活かし変革を起こせるトップリーダーは総じて自己変革できた受講者であった。今後求められる人的資本経営への組織革新も、すべては経営者が変わることがスタートだ。サイボウズの活躍と発展ぶりは、そのことを示す好事例でもある。

おわりに　～100年以上前に生まれた“人をモノ扱いする科学的管理手法”と決別しよう～

上司という仕事はいつから憧れの対象でなくなったのか？

パーソル総合研究所の「グローバル就業実態・成長意識調査」（2022年）によると、アジア太平洋地域（APAC）に欧米主要国を加えた18カ国・地域の中で、なんと日本は、管理職志望者の割合が最下位とのことです。調査対象国の一般社員（各国約1000サンプル）の中で「管理職になりたい」と思っている人の割合は、ほとんどの国で5割を超え、インド、ベトナム、フィリピンでは8割以上。これに対し、日本は約2割にとどまる惨憺《さんたん》たる結果です。さらには40～50代で管理職になりたい人は1～2割程度。50代以上では18カ国中唯一10％に満たないのです。

2010年ごろから女性の活躍推進が叫ばれ、2015年には女性活躍推進法が公布・施行され、改正を重ねています。この間、官民を挙げて女性役職者を増やそうとする一方、女性の昇進希望の少なさが課題視されてきました。しかし、今や日本は男女を問わず昇進したくない国になってしまったのです。

集団主義が強く、自分だけ目立ちたくないという同調圧力が発生しやすい日本ですが、その傾向を差し引いても昇進・昇格意欲が低いことは疑いようのない事実でしょう。

この原因は、本書冒頭の「はじめに」でも触れた中間管理職の苦悩する姿に表れているといえるでしょう。すなわち、マネジメントの難易度が上がり、責任ばかりが重く、見返りが少ないのが管理職という実感値が、働く現場にまん延しているのです。与えられた仕事に一心不乱に取り組み、一定の成果を上げ、評価を受けることで晴れて管理職ポストに就いたものの、いざそのポストになってみると、上司の役割や存在意義に自信が持てず、部下たちからも〝なりたくない対象〟とみなされてしまう悲哀。上司は、今やつらい立場にあるといえます。いつから上司という仕事は、憧れの対象でなくなってしまったのでしょうか。

上司という仕事は楽しい。ダイナミックな仕事ができる上司の醍醐味を再興しよう

それでも、私たちが開講する「上司力®」をテーマとする研修やセミナーで、上司としての仕事の面白さと喜びを大いに語ってくれる参加者はいます。受講する管理職同士で、部下育成のやりがいを語り合う様子は、とても楽しそうであり、イキイキとしています。

本書の第1部で述べた〝新作法〟は、いずれも私自身の経験はもちろん、困難を乗り越えながらチームの成果や部下育成の醍醐味《だいごみ》を知った上司たちの経験から抽出したものです。また、第2部の企業リーダーたちの実践からも、チームや部下と真摯《しんし》に向き合い、心を動かす行動が、必ず成果をもたらすことが見て取れるでしょう。

私が提唱する「上司力®」とは、「部下一人ひとりの持ち味を踏まえて仕事を任せ、育て活かし、共通の目的に向かう組織の力を高め、個人では達成できない結果を導き出す力」です。大切なのは、上司も部下も働きがいのあるダイナミックな仕事の達成を実感できることです。

上司の皆さん自身が、マネジメントを楽しみ、部下と共に未来への希望を描いてください。上司として味わうことのできる喜びや感動を大いに語り、若いチームメンバーにも伝え、上司の仕事の醍醐味を再興してほしいと願います。

固定観念の呪縛から自分を解放しよう

今日のマネジメント手法の発祥をたどると、1900年代初頭に米国の経営学者フレデリック・テイラーが提唱した「科学的管理法」にさかのぼると考えられます。これはブルーカラーのマネジメント手法として考案されたもので、工場での製品製造工程を標準化し、成功報酬と不成功減収というアメとムチをセットにして、仕事の効率化と生産性向上を狙ったものでした。これは、仕事の内容と成果を客観化した、合理的で公平無私な管理手法であった半面、労働力を投下資源とみなし、酷使し、不要な働き手の退出や交換をも辞さないような非人間的なマネジメント観をもたらした負の側面もあるでしょう。これが現代のマネジメントにも色濃く影を落としていることは否めません。

私たちは、まず、この100年以上前に生まれた〝人をモノ扱いする科学的管理手法〟から決別しなければなりません。私は、人を活かす人的資本経営は、この対極にあると考えています。私たちには、古い管理手法から派生した、現代のマネジメントの固定観念からの脱却が求められているのです。

そのために必要なのは、上司一人ひとりが固定観念や無意識の偏見の呪縛から自らを解放することです。本書「はじめに」でも紹介した悩める上司たちは、自分自身が一定の固定観念に縛られていることで眼前の壁を乗り越えられず、困難に陥っているともいえます。職責意識が高く、真面目な人ほどそうなりやすいもの。固定観念の壁に一つひとつ気づき、そこから自分を解き放つことができれば、新時代のマネジメントへと踏み出す勇気が持てるはずです。その気づきと学びのために、本書を日々のマネジメントに戸惑う度に読み返し、役立てていただければ幸いです。

最後になりましたが、第2部のインタビュー収録をご快諾いただいたヤフー、ニューホライズンコレクティブ、ローランズ、ノジマ、サイボウズの各社の皆さま、一部記事の転載許可をいただいたマイナビのご担当者さま、また、きめ細かいご配慮の下、本書全体の編集を舵《かじ》取りいただいた労務行政研究所の荻野敏成さんと市村しのさんに、心よりお礼を申し上げます。

２０２３年８月

株式会社ＦｅｅｌＷｏｒｋｓ　代表取締役、青山学院大学兼任講師
前川孝雄

■著者プロフィール

前川　孝雄（まえかわ　たかお）

株式会社 FeelWorks 代表取締役／青山学院大学兼任講師

人を育て活かす「上司力®」提唱の第一人者。株式会社リクルートで『リクナビ』『ケイコとマナブ』『就職ジャーナル』などの編集長を経て、2008年に株式会社 FeelWorks 創業。「日本の上司を元気にする」をビジョンに掲げ、研修事業と出版事業を営む。「上司力®研修」「50代からの働き方研修」「ドラマで学ぶ『社会人のビジネスマインド』」、e ラーニング「パワハラ予防講座」「新入社員のはたらく心得」等で、400社以上を支援。2011年から青山学院大学兼任講師。2017年に株式会社働きがい創造研究所設立。情報経営イノベーション専門職大学客員教授、一般社団法人企業研究会 研究協力委員サポーター、一般社団法人ウーマンエンパワー協会 理事等も兼職。30年以上、一貫して働く現場から求められる上司や経営の在り方を探求し続けており、人的資本経営、ダイバーシティマネジメント、リーダーシップ、キャリア支援に詳しい。連載や講演活動も多数。

主な著書は『本物の「上司力」』（大和出版）、『人を活かす経営の新常識』（FeelWorks）、『この1冊でポイントがわかる ダイバーシティの教科書』（総合法令出版・共著）、『「働きがいあふれる」チームのつくり方』（ベストセラーズ）、『一生働きたい職場のつくり方』（実業之日本社・共著）、『50歳からの逆転キャリア戦略』『50歳からの幸せな独立戦略』『50歳からの人生が変わる痛快！「学び」戦略』（いずれも PHP 研究所）など約40冊。最新刊は『部下全員が活躍する上司力 5つのステップ』（FeelWorks、2023年3月）。

※「上司力」は株式会社 FeelWorks の登録商標です。

株式会社 FeelWorks　会社概要

カバー・本文デザイン／株式会社ライラック
印刷・製本／三美印刷株式会社

部下を活かすマネジメント“新作法”

2023年９月26日　初版発行

著　者　前川孝雄
発行所　株式会社 **労務行政**
〒141-0031　東京都品川区西五反田3-6-21
住友不動産西五反田ビル３階
TEL：03-3491-1231
FAX：03-3491-1299
https://www.rosei.jp/

ISBN978-4-8452-3452-3
定価はカバーに表示してあります。

訂正が出ました場合、下記 URL でお知らせします。
https://www.rosei.jp/store/book/teisei